SixTONES

×6

―俺たちの音色―

あぶみ瞬

太陽出版

プロローグ

2020年1月22日、SixTONES『Imitation Rain』(SME Records)Snow Man『D.D.』(avex trax)でジャニーズ史上初の同日デビューを飾った2組は、オリコンチャートでも史上初、新人デビュー曲ミリオンセールス(初週売上132.8万枚)を記録。

さらに6月10日現在、発売から20週連続でTOP100にもチャートインを続けている。

「オリコンチャートはSixTONES『Imitation Rain』とSnow Man『D.D.』の合算(※1曲扱い)で発表されていますが、個々の売上げで発表している〝Billboard JAPAN〟でも、両者共に20週連続でチャートインしています。累計売上枚数は6月10日付で『D.D.』97万260枚、『Imitation Rain』90万17枚と、いずれも90万枚を超えました。合算では187万277枚となり、Snow Man単独でのミリオンセールス、合算でのWミリオンの期待が高まります。もちろん、あと10万枚弱のSixTONESにも頑張って単独ミリオンに届いて欲しいところですが、彼らには発売が延期になった2ndシングルがあるので、そちらのセールスをデビュー曲に負けじと伸ばしてもらいたいですね」(音楽ライター氏)

その2ndシングルが、7月22日に発売される『NAVIGATOR』だ。

すでにオンエア中のアニメ『富豪刑事 Balance：UNLIMITED』の主題歌にも採用されているので、皆さんならば4月からチェック済みだろう。

「当初は6月3日に発売される予定でしたが、ジャニーズ事務所が『Johnny's Smile Up! Project』の一環で〝Twenty★Twenty〟を結成したため、SixTONESもまずは支援活動からということで新曲発売を延期。Johnny's Smile Up! Projectはこれまでに防護服3万3千着、医療用マスク30万枚、抗菌マスク20万枚を必要な医療機関への配布を終え、〝これからはファンの皆さんと向き合う時間を積極的に作っていきたい〟――とメンバーは張り切ってますよ」（プロジェクト関係者）

ライバルのSnow Manは年内公開予定の映画『滝沢歌舞伎ZERO 2020 The Movie』（滝沢秀明監督作品）に主演することが発表され、正直なところ、少し前を走られている感は否めない。

昨年3月公開された『映画 少年たち』では共にW主演を務めたものの、『滝沢歌舞伎』の映画化では声がかからなくてもやむを得ないか。

しかしメンバーは、そんなことで挫けてはいられないし、リーダーの高地優吾は――

『COVID‐19を吹き飛ばして、日本中を笑顔にするのが俺たちの、ジャニーズの務め！』

――と、声も高らかに前を向く。

「このところ向井康二くん、目黒蓮くんのソロ仕事が増えていますが、そもそも〝個〟の活動の充実をグループ活動に活かすことについては、SixTONESに一日の長がある。2ndシングルを新たな噴射材料にして、グイッとSnow Manを抜き返して欲しいですね」（前出音楽ライター氏）

そう、SixTONESの大ブレイクはこれから始まるのだ――。

SixTONES

×6

目次

2nd Chapter

京本大我 ◆ Taiga Kyomoto 39

3rd Chapter

松村北斗 ◆ Hokuto Matsumura 67

SixTONES
×6

SixTONES

1st Chapter

ジェシー

Jesse

ジェシーのプライド

『Ｓｎｏｗ Ｍａｎとはいい意味でライバルだし、
昨日も今日も明後日も、
お互いが存在する限りは切磋琢磨してレベルを上げていきたい――と、
まあ公式にはそう思います（笑）』

6月18日に発表されたオリコン上半期ランキングで、ＳｉｘＴＯＮＥＳ vs Ｓｎｏｗ Ｍａｎ名義の『Ｉｍｉｔａｔｉｏｎ Ｒａｉｎ／Ｄ.Ｄ.』がシングルランキング1位を獲得（１６４．４万枚）。トータルセールスランキングでも24．7億円で総合7位、新人1位に輝いた。男性歌手の上半期シングル1位は２０１０年の嵐『Ｔｒｏｕｂｌｅｍａｋｅｒ』以来10年ぶり、デビュー曲での1位は２００６年のＫＡＴ-ＴＵＮ『Ｒｅａｌ Ｆａｃｅ』以来14年ぶりの快挙だ。

「ジェシーくんのセリフにはどことなく悔しさが滲んでいたので、本音としては〝1曲扱い〟での1位を心から喜んでいる様子ではありませんでした。でもトータルセールスランキングで7位だったのを受け、『（8位の）Jr.の『素顔4』には俺らも映ってるんだから、どうせならそっちも足してくれればいいのに。そうしたら一つ上（6位）のキンプリ抜けたじゃん。……というか、1位になってたんじゃね⁉』――と笑っていたので、悔しいながらもやはり嬉しい気持ちに変わりはないようですね」

ジェシーとプライベートで交流がある若手人気放送作家氏は、オリコン上半期ランキングが発表された夜、お祝いの電話をかけたそうだ。

「『Imitation Rain』と『D.D.』がオリコンでは1曲扱いになっていることで、実は年間1位を獲得することも確実。握手会が出来ない現状では、48グループや坂道シリーズが年内の新曲でWミリオンを達成する可能性はありませんからね。現在、NMB48やNGT48は新曲の特典でネットの〝お話し会〟なる企画を行っていますが、売上げが上がったとは聞いていません。彼女らがSixTONESやSnow Manを脅かすことは100%ない。それを含めて、少し早いですが年間1位の祝福もしました」（若手人気放送作家氏）

しかし巻頭のプロローグ、さらに巻末のエピローグでも触れているが、個別集計のビルボードジャパンチャートでは、どうもSixTONESのほうが分が悪い。

「初動はSixTONESのほうが上でしたが、SnowManにジワジワと迫られ、そして抜かされてしまった。ジェシーくんはデビュー前に『2組の曲が入っているからこそ、1枚でも多くSixTONESバージョンが売れて欲しい。それが俺らの当たり前の感情』――とハッキリ言っていたので、結果に納得しているわけがない。上半期、下半期、年間とランキングを出すのが〝合算扱い〟のオリコンだったことが、唯一の救いではあります」(同放送作家氏)

オリコンの週間シングルランキングは調査協力店からのデータを集計したもので、言い換えれば協力店以外の売上げは含まれない。

一方、ビルボードのトップシングルセールスはアメリカのニールセン社(※世界最大の調査会社、かつてはテレビ視聴率の算出も行っていた)からライセンスを受けたサウンドスキャンジャパンが、店舗、コンビニ、ネットショップなど約35,000店のデータをもとに推定売上げ枚数を算出したもの。

「それだけ聞けばビルボードのほうが実売に近いと感じられるでしょうが、オリコンは昭和の音楽界から日本のヒットチャートを担ってきた存在なので、ギョーカイ的には影響力が大きい。だから内心は悔しくても、大人のコメントで喜びを伝えるしかなかった。少なくとも発表直後に話した感じでは、『2ndシングルでは正々堂々と勝負したい!』――と語っているかのようでした」(同氏)

ちなみに発表されたオリコン上半期シングルランキングは、1位『Imitation Rain／D.D.』SixTONES vs Snow Man 164.4万枚、2位『失恋、ありがとう』AKB48 117.6万枚、3位『しあわせの保護色』乃木坂46 109.2万枚。

SixTONES vs Snow Manが7位だった上半期トータルセールスランキングでは、1位 乃木坂46 42.8億円、2位BTS 32.2億円、3位AAA 29.4億円だ。

トータルセールスの柱は単価がCDの5倍~6倍のBlu-rayやDVDの映像作品。それゆえ先ほどジェシーの発言にもあったように、昨年8月8日の東京ドームコンサート、ドキュメント、オフショットで構成されているジャニーズJr.『素顔4』の売上げを加えるのが、ある意味では〝筋〟ではないかとすら感じる。

「SixTONES vs Snow ManはCDの売上げが大半で24.7億円。『素顔4』の24.2億円を加えれば48.9億円ですから、乃木坂46を6億円以上も上回る。実質、上半期の音楽界は〝SixTONES vs Snow Manのものだった〟と言っても過言ではありません」（同氏）

いろいろと言いたいことはメンバー、そしてファンの皆さんにもあるだろうが、今は冒頭の解説のように、嵐以来、KAT－TUN以来の快挙を祝おうではないか。

『デビュー前は半年後にまさかこんなことになってるとは思わなかったので、
そこは素直にファンの皆さんにお礼を言いたいですね。
Snow Manとはいい意味でライバルだし、
昨日も今日も明後日も、
お互いが存在する限りは切磋琢磨してレベルを上げていきたい――と、
まあ公式にはそう思います（笑）』

――多少の悔しさも滲ませながら、そう語ったジェシー。
SixTONESとSnow Manのライバル関係、戦いの歴史は始まったばかり。

そして――

『俺は音楽では負けたくない。
それはＳｎｏｗ Ｍａｎに限らず、
すべてのアーティストの皆さんに対しても思っていること』

――これがジェシーのプライドなのだ。

SixTONESは〝アイドル第7世代〟

『今、お笑いの若手の方々が〝お笑い第7世代〟と呼ばれていて、
中には俺と同い年の人もいるから、すごく羨ましいんですよね。
俺も〝アイドル第7世代〟とか言い出してみようかな（笑）』

ジェシーのお笑い好きとセンスはジャニーズJr.時代から知られた話。
今後、コンサートに本気のコントや漫才が組み込まれるかも？ その
ジェシーが今、本気で〝羨ましい〟と思っているのは実は〝あのグループ〟。

「最初の頃は〝八王子リホーム〟のロケに出ると、ジェシーくんは合間にずっとYouTubeを見ていました。見ているのはもちろんリフォームに役立つ技術の投稿ではなく、お笑いの新作投稿。最初は内心〝(こんなことで滝沢くんの後任が務まるのかな?)〟……と心配になったほどです」

日本テレビ『有吉ゼミ』制作スタッフ氏は、2019年からヒロミ率いる〝八王子リホーム〟新入社員として登場しているジェシーについて、そんな第一印象を語ってくれた。

「滝沢くんは、ガチで額に汗するタイプでしたからね。その滝沢くんが自ら後任に指名したジェシーくんには、僕らも期待しかなかった。だから第一印象で心配になったんです。ただしその直後のロケで、それが杞憂だったと知らされましたけど」(『有吉ゼミ』制作スタッフ氏)

ロケの回数を重ねるうち、次第にジェシーはスタッフと打ち解けると、自分からモノマネを披露して距離を近づけようと努力していたそうだ。

「実際にジェシーくん自身にどこまでの意識があったかはわかりませんが、少なくとも僕には彼の姿はそう映りました。さらにその頃になると、具体的な将来の青写真を話してくれるようにもなっていましたね」(同制作スタッフ氏)

ジェシーは当初――

『欲張っても夢を掴めるわけじゃないし、むしろ遠ざかる』

――などと、意外にもネガティブな発言で周囲を煙に巻いていたようだ。

しかしスタッフに対する信頼感が増したからか――

『〝歌一本に絞りたい〟なんて、カッコいいことは言いませんよ。

バラエティもドラマも、舞台だってやっていきたい。

だって自分の真の適性がどこにあるか、やってみないと誰にもわかりませんから』

――と、ポジティブに語ることが増えていった。

「そうしたらデビューが決まり、ついに彼は夢の入口に立てた。あとは次から次に現れる〝チャンス〟という名のドアを、自分で開けながら進むしかない」（同氏）

そんな会話を交わしていた頃、制作スタッフ氏の印象に残ったジェシーの言葉がこれだ――。

『今、お笑いの若手の方々が〝お笑い第7世代〟と呼ばれていて、
中には俺と同い年の人もいるから、すごく羨ましいんですよね。
アイドルには〝第○世代〟みたいな言い方がなくて、
〝80年代〟とか〝90年代〟とか、時代で括られるじゃないですか？
でもお笑いの世代は〝センス〟で括られる。
俺も〝アイドル第7世代〟とか言い出してみようかな（笑）』

いきなり〝アイドル第7世代〟と言われても、ほとんどの視聴者には伝わらない。
だが制作スタッフ氏には、ジェシーが本当に羨ましいのは――

『そのお笑い第7世代と不定期とはいえレギュラーを持つ〝Snow Man〟』

――だとわかっていた。

「それはそうでしょう。『7G』が始まると聞いた時、ジェシーくんは『ガチで誰か閉じ込めて俺が出たかった』――とまで言っていましたから(笑)。でもその分『SixTONESとSnow Manが出る『新春しゃべくり007』では絶対に負けられなかった』――と、即興ネタの〝ドナルドたけし〟で大ウケした過去を、半年過ぎた今もときどき自慢してますよ」(同制作スタッフ氏)

興味があることには、すべて挑戦すればいい。

そこで失敗しても誰もジェシーとSixTONESを笑いはしない。

それが〝アイドル第7世代〟の特権なのだから。

〝Twenty★Twenty〟へのジェシーの正直な想い

『自分たちの歌割りパートを聞いた時？
それは正直、めちゃめちゃ悔しかったです。
ただ悔しいのは事実だけど、
この悔しさを糧にすることが出来るかどうか、それは自分たち次第。
いつか必ず、俺の声から曲を始めてみせますよ』

すでに先行配信中で、8月12日にシングルCDとして発売される、Twenty★Twenty『smile』。Mr.Children桜井和寿の手によるバラードは、15組75名のジャニーズアイドルによるチャリティーソングだ。そんな意義のある名曲に参加するだけで光栄とはいえ、ジェシーにとってSixTONESとSnow Manの扱いは決して満足がいくものではなかった。

「何しろ75人のボーカルで1曲を歌うわけで、V6、KinKi KidsあたりとSixTONES、Snow Manの歌割り（※歌パート）が対等なわけがない。それはジェシーくんだって、企画が持ち上がった時からわかっていたでしょう。まさかあの櫻井和寿さんに〝全員に歌割りが平等に行き渡るようにお願いします〟なんてオーダー、出せるはずもないし」

やや苦笑いまじりに話すのは、TBS『CDTV』ディレクター氏。

ちなみに本来であればMr.Childrenで活動する際の桜井和寿で表記するところ、『smile』の作詞作曲を本名の〝櫻井和寿〟名義で行ったため、あえて櫻井和寿とさせて頂いた。

「配信前に音源を聞かせてもらいましたが、ピアノソロから始まるバラードは、1番の歌い出しをKinKi Kidsの堂本剛くん。ジャニーズを代表するボーカリストの一人で、しかも特徴のある声ですから、インパクトは抜群でした」（『CDTV』ディレクター氏）

曲は堂本剛のソロパートをトニセンの3人が引き継ぎ、KAT-TUNへとバトンタッチ。

1番のサビには嵐、関ジャニ∞が加わり、V6、KinKi Kidsと共に歌い上げる。

「新型コロナの影響でレコーディングも75人が個別で行い、ソロの歌割りが用意されたのはKinKi Kidsの2人だけ。あとは選抜された3人パート、グループで歌う2フレーズ、1フレーズと明らかにキャリアで差がつけられています。大サビはもちろん、75人の大合唱です」

（同ディレクター氏）

ジェシーが親しいディレクターに愚痴を溢したのは、SixTONESに与えられたパートが単独の1フレーズならまだしも、何とSnow Manと〝2組で1フレーズ〟の扱いだったからだ。

「確かにジェシーくんのボーカルがどこに入っているのか、最初に音源だけを聞いた時はまったくわかりませんでした。正直、まだジェシーくんとラウールくんがそれぞれのグループを代表して1フレーズを受け持つとか、これまでのチャリティーソングでずっと耳にしていたKinKi Kids、V6よりも、若手特有の張りのあるボーカルを聞きたかったですね」（同氏）

中にはこうしてジェシーの側に立ってくれる番組関係者もいるし、先ほどジェシーが愚痴を溢した相手（別番組ディレクター）も、

「ジェシーくんだって、自分の愚痴が身分不相応なのはわかっています。そうやって自分自身を鼓舞しているんですよ」

――と、フォローしながらその様子を伝えてくれた。

『自分たちの歌割りパートを聞いた時?

それは正直、めちゃめちゃ悔しかったです。

俺やメンバーが歌うシーンも先輩たちと同じように撮影されてたけど、

「14人でワンフレーズだけなら、個別じゃなく全員まとめて撮ってくれればいいじゃん?」

……と、若干拗ねてました(笑)。

ただ悔しいのは事実だけど、この悔しさを糧にすることが出来るかどうか、
それは自分たち次第。

いつか必ず、俺の声から曲を始めてみせますよ』

――自分の気持ちを正直にそう明かすジェシー。

CDデビューをしているグループから、少年隊とTOKIOを抜いた15組75名のチャリティーソング。
もしかすると、ミリオンセールスを突破し、新人グループの歴代記録をすべて塗り替えたSixTONESとSnow Manに、滝沢秀明副社長が――

『どれだけヒットしても、自分たちが〝新人〟であることを忘れてはいけない。
先輩たちがジャニーズの歴史を紡いでくれたからこそ、今のお前たちがあるんだ』

――ということを、改めて教えてくれたのではないかとすら感じている。

道はまだまだ長い。
SixTONESの歴史はまだ始まったばかり。
目指す高みは、遥か彼方にあるのだから――。

〝アイドルと職人〟――ジェシーの二足のわらじ

『北斗がズルいのは、自然に〝ギャップ萌え〟を醸し出して、
女子を夢中にさせてしまうところ。
北斗は〝テレビやステージではクールなのに、
裏ではちょっと甘えん坊のお喋り上手〟で、
ギャップ萌えをめちゃめちゃ放ちまくっているわけですよ。
そりゃあモテますって、超ズルい男だ（笑）』

松村北斗がズルいかどうかはさておき、確かに女子がギャップ萌えでキュンキュンする要素を満たしまくっているのは事実。こうなったらジェシーもギャップ萌えで勝負するしかないが、残念ながら「萌えるほどのギャップがない」……と肩を落とす。

「ジェシーくんに言わせると『ギャップ萌えはプラスとマイナスで成立してるんじゃないの？　北斗は〝プラスとプラス〟だからね。ズルいよ』――だそうです。クールはそもそもプラスなのに、そこに〝みんなの前ではクール、でも自分には甘えん坊〟の最強ギャップが加われば、『誰も勝てないって！』というのがジェシーくんの理論。言われてみればそうですが、素でそれなら悔しがっても仕方ないでしょう（苦笑）」

日本テレビ『有吉ゼミ』制作スタッフ氏は、今年の1月、この春から〝ヒロミの八王子リホーム〟正社員に昇格するジェシーと食事をしながら――

『どうしたらヒロミさんに怒られずにやっていけますかね？』

――と、微妙に深刻な悩みを相談されたという。

「ヒロミさんが怒るのは単なるリアクションの一つだし、怒られないようにするには技術を上げるしかない。それは一朝一夕では叶わないから、頑張る以外の道はないんじゃないか」

質問を受けた制作スタッフ氏はごくごく真面目に、ジェシーの相談に答えたそうだ。

「いくつになっても〝ヤンキー口調〟が売りだから、言葉をキツく感じることも多いと思う。ジェシーくんは怒られながらもコツコツと、これまで通りに取り組めばいい。〝視聴者はイケメンが額に汗する懸命な姿、そのギャップに心を奪われるんだから〟と言うと、ジェシーくんは『**イケメンかどうかはわかりませんけど、一生懸命な姿を楽しんでもらえるなら自信になります**』——と、何とか活路を見出だしてくれた様子でした」(『有吉ゼミ』制作スタッフ氏)

するとジェシーが「そういえば……」と語り出したのが、松村北斗の〝ギャップ萌え〟だったのだ。

『北斗がズルいのは、自然に〝ギャップ萌え〟を醸し出して、女子を夢中にさせてしまうところ。普通はさ、〝テレビでバカばっかりやってるくせに裏では真面目な努力家〟……みたいなのが、ギャップの王道じゃないですか?

でも北斗は〝テレビやステージではクールなのに、裏ではちょっと甘えん坊のお喋り上手〟で、ギャップ萌えをめちゃめちゃ放ちまくっているわけですよ。

そりゃあモテますって、超ズルい男だ(笑)』

「でも僕に言わせれば、ジェシーくんほどギャップのある人間は珍しい。繰り返しになりますが、おおよそ職人仕事とは縁がなさそうに見えるハーフのイケメンが、番組の企画にそこまで真剣に取り組んでくれているのですから。ジェシーくんはもう少し、自分自身を評価してもいいと思いますよ」
(同制作スタッフ氏)

ジェシーが滝沢秀明ジャニーズ事務所副社長の後継者として番組に登場したのが、昨年の5月。

この3月には正社員になり、さらに在宅期間中にレギュラー1周年を迎えたジェシーは、今や〝八王子リホーム社〟には欠かせない存在であり、『有吉ゼミ』に自らの居場所を築こうとしている。

「緊急事態宣言下でオンエアされたスペシャルでは、そのジェシーくんの悩みをもとにヒロミさんから怒られている名場面VTRを流しました。するとジェシーくんは『**新型コロナウイルスの影響で在宅時間が増えたので、ヒロミさんのリフォーム術を必死に勉強している**』――と明かしたのです。素材を上手く組み合わせたり、様々な種類の壁紙を操るヒロミさんについて、『**頭が柔らかい。〝これとこれを合わせたらいい〟っていう発想がすごい**』――と驚いていましたね」(同制作スタッフ氏)

ちなみにジェシー、もし本当に〝八王子リホーム社〟が設立されたとしたら――

『ガチで〝アイドルと職人〟の二足のわらじを履くしか！』

――と、制作スタッフ氏に宣言したそうだが、それこそ究極の〝ギャップ萌え〟になるんじゃない？

八王子リホーム社の仕事に真剣に取り組む〝職人〟ジェシーにこれからも注目だ。

ジェシー、そしてSixTONESが目指す〝世界〟

『俺は慎太郎とほとんど同期で、当時は俺が小4でアイツが小3。
それから2人とも、ジャニーズ事務所で人生を学んできたんです』

小学4年生から、曲がりなりにもエンターテインメントの世界で〝プロ〟として頑張ってきたジェシー。ジャニーズ事務所が、そして亡きジャニー喜多川氏の〝信念〟が、ジェシーを育てたのだ。

「ジェシーくんは当時ジャニーさんの世界戦略には欠かせないメンバーでしたからね。それは同期で1学年下の慎太郎くんとは別の〝特異な環境〟に置かれていました」

森本慎太郎が幼い頃からの悩みを吐露したように（※5th Chapter参照）、ジェシーにもまた、同様に14年のキャリアの裏側で、もがき続ける日々があったのだろうか。

話してくれたのは2006年から2010年当時、ジャニーズJr.の育成に関わっていたテレビ朝日プロデューサー氏だ。

「ジェシーくんがJr.入りした2006年といえば、タイの大手レコード会社グラミー社の研修生、ゴルフ&マイクが山下智久くんとユニットデビューした年で、ジャニーさんは『**ハーフのJr.を積極的に育てたい。将来は彼らを中心に世界戦略を立てる**』――と話していました。そんな時、すでにJr.に所属していたジョーイ・ティーに誘われ、ジャニーさんと面接。すぐに『ザ少年倶楽部』のリハーサルに参加したのが、ジェシーくんのJr.としての第一歩。本名のセカンドネームをもじった、〝ルイス・ジェシー〟を芸名にしていました」（テレビ朝日プロデューサー氏）

〝ジョーイ・ティー〟とは懐かしい名前を聞いたが、現在は〝丞威〟の名前でアクション俳優、ダンサーとして活動しているという。

もともとはジェシーが通っていた空手道場にジョーイ・ティーが通うようになり、友人になったのだとか。

「ジェシーくんがハーフだからというわけではなく、ジャニーさんは小学生のちびっこJr.に対しては『悪い所ではなく、褒める部分を探す。否定するのではなく、褒めて伸ばす』のが基本なので、その育成方針が合ったのでしょうね。もしこの頃、子役系プロダクションにありがちなスパルタ教育をされていたら、ジェシーくんや森本慎太郎くんは小学生の時にJr.を辞めていたかもしれません」
（同プロデューサー氏）

プロデューサー氏がよく覚えているのが――

『恐怖を与えちゃいけない、エンターテイメントの世界が楽しいことを教えるために。
いつも励まして背中を押してやる、自分の足で立てるように。
努力を認めてあげよう、次の目標を持てるように』

――という〝ジャニーさんの信念〟だった。

「ジャニーさんは独特の言い回しなので言葉尻は違いますが、意味は合ってます。まさにジェシーくんは、このポリシーに沿って育てられた〝世界を目指す〟世代」(同氏)

それはジェシーの言葉も物語っている――。

『俺は慎太郎とほとんど同期で、当時は俺が小4でアイツが小3。
それから2人とも、ジャニーズ事務所で人生を学んできたんです。
もちろん地元の学校には通っていたけど、
ここにはジャニーさんを筆頭にエンターテインメントの世界で活躍する大人がいっぱいいて、
そんな大人たちが俺と慎太郎を伸び伸びと、
褒めてくれたり励ましてくれたりして育ててくれたから、
この世界で生きていく夢を叶えられた。
それは本当、一生忘れることは出来ない〝感謝〟です』

――その感謝は、ジャニーさんが抱いていた〝世界〟へと繋がる。

「ジェシーくんがＹｏｕＴｕｂｅチャンネルで積極的に英語を使うのも、『自分はジャニーさんの世界進出構想がきっかけでJr.入りし、今の自分がある』──ことを自覚しているから。彼は去年あたりから、またしっかりと英語を勉強し直しています」（同氏）

ジェシーは堂々と──

『日本のアイドルグループだけど、韓国や欧米の音楽をミックスした楽曲を追求して、ジャニーズだけどジャニーズじゃない、〝ＳｉｘＴＯＮＥＳだけの個性〟を極めたい。そのためにも俺だけじゃなく、メンバー全員が英語を喋るようにならなければ、〝世界〟に出ていけない』

──と語っている。

そしてＳｉｘＴＯＮＥＳは、かつてＳＭＡＰや嵐、山下智久、Ｈｅｙ！ Ｓａｙ！ ＪＵＭＰらが、ジャニーズJr.入りを目指す少年たちの憧れになったように、世界を視野にＳｉｘＴＯＮＥＳを目指す少年たちの〝希望〟にならなければならないのだ──。

SixTONES

×6

SixTONES

2nd Chapter

京本大我

Taiga Kyomoto

京本大我率いる〝京本会〟発足

『ジャニーズでも〝リモート飲み〟が流行ってて、
〝京本会〟の活動も着実に進みましたね。
翔くんの〝兄貴会〟と比べたら知名度もまだまだだけど、
そのうち一大勢力に育つんじゃないかな?』

京本大我を筆頭に宮近海斗、松倉海斗、七五三掛龍也、そして最新会員の阿部亮平からなる〝京本会〟。京本によれば、「全員がミュージカルスターとしての俺をリスペクトしている」——そうだが、老舗(?)の東山会以下、乱立する〝軍団ブーム〟台風の目となるか⁉

「聞いた時は驚きましたが、でもメンツをよくよく見比べてみると、将来はこの〝京本会〟が一大勢力に育ちそうな、そんな予感がしました」

京本大我とは父・京本政樹との関係で知り合い、何回か食事を伴にして「サポートしたくなる青年」と目をかけてくれているのは、テレビ朝日ドラマ班プロデューサー氏だ。

「実はつい先日、大我くんから連絡をもらったんです。お久しぶりの挨拶みたいなものですが、そこで緊急事態宣言の間の過ごし方を聞いたら、『**リモート飲みで後輩たちと、より仲良くなった**』──と話していたんですよ。何でも自分が中心の〝京本会〟が出来たとか」(テレビ朝日ドラマ班プロデューサー氏)

プロデューサー氏はジャニーズ事務所とも縁が深く、ドラマ制作を通じて京本の大先輩たちとの交流がある。

そこでふと思い出したのが、東山紀之がトップの〝東山会〟の存在だった。

「東山くんとは行きつけのフグ屋が同じで、これまでに何度も店で会ってるんです。ある時、井ノ原快彦くんや堂本光一くん、中島健人くんを連れていたことがあって、その時に『**今日は東山会のメンバーと一緒で**』──という会話を交わしたので、よく覚えているんですよ。東山くんはだいたい後輩を連れてますが、〝東山会のメンバー〟という紹介をされたことがなかったので」(同プロデューサー氏)

ある意味、現存する〝ジャニーズ○○会〟では最古参の東山会。

新参者の京本会にとっては、まだまだ雲の上の存在だろう。

ちなみに東山会と京本会の他には、すっかりメジャーになった〝兄貴会（櫻井翔・上田竜也・増田貴久・藤ヶ谷太輔・千賀健永・菊池風磨・中間淳太）〟をはじめ、厳格なルールがあると噂の〝河合会（河合郁人・菊池風磨・深澤辰哉・田中樹）〟、実は最大勢力の〝塚田会（塚田僚一・戸塚祥太・五関晃一・薮宏太・有岡大貴・高木雄也・北山宏光・宮田俊哉・二階堂高嗣・中島健人・菊池風磨・佐藤勝利・佐久間大介）〟、少数精鋭すぎる〝隆平会（丸山隆平・加藤シゲアキ）〟、あるいは〝千賀軍団〟〝風磨会〟なども存在しているとか。

しかし何人かはいくつもの会に所属しているので、これは単に〝みんなと集まってワイワイするのが好き〟なだけではないか？

「確かに、特に菊池風磨くんはそうとしか思えない（苦笑）。ただ大我くんに〝（メンバーは）誰がいるの？〟と尋ねて返ってきた名前は、既存の軍団には誰一人も含まれていない。そこが注目ポイントでしょう」（同氏）

宮近海斗、松倉海斗、七五三掛龍也の3名は、共にTravis Japanのメンバーだ。

厳密に言えば、グループとしてはSixTONESの先輩にあたるTravis Japan。

結成は2012年2月で、現在の7名に至るまでには、何回もメンバーチェンジを繰り返したことでも知られている。

ただし〝弟組〟と呼ばれたメンバーの吉澤閑也と宮近海斗、〝兄組〟と呼ばれたメンバーの川島如恵留と七五三掛龍也の4名は、初期メンバーと言ってもいいだろう。

「大我くんによると、『**自分は2006年5月の入所で〝キャリアも年令も上〟だから〝京本会〟**』――になるそうです。ただSnow Manの阿部くんはキャリアも年令も大我くんより上のはずなのでツッコむと、『**そこは阿部ちゃんの俺に対するリスペクトです**』――と笑ってました。確かに今のJr.ではパフォーマンス力が抜けているTravis Japanの3名を見れば、大我くんの歌とパフォーマンスに憧れ、尊敬しているのがわかりますからね」（同氏）

阿部はあの櫻井翔（……というか実質〝上田竜也〟）率いる兄貴会から「あの頭脳をウチの軍団に欲しい」と勧誘されるほどの〝クイズ王〟だが、某クイズ番組で〝モンスター〟と呼ばれる珍回答連発の七五三掛が同じ〝京本会〟というのも、失礼ながらネタにしても出来すぎではないか（笑）。

『ジャニーズでも〝リモート飲み〟が流行ってて、〝京本会〟の活動も着実に進みましたね。翔くんの〝兄貴会〟と比べたら知名度もまだまだだけど、そのうち一大勢力に育つんじゃないかな? すでに阿部ちゃんは、兄貴会との争奪戦に勝ちましたから(笑)』

――そう豪語(?)する京本。

ところでこうして〝○○会〟が乱立していることを、ジャニーズとは縁が深いテレビ朝日プロデューサー氏は〝プロデューサーの視点〟からは、どう感じているのだろう。

「これまで軍団化するタレント、芸人のほとんどは、自らの冠番組を複数持ち、自由自在にブッキングすることが出来る大物が頂点にいることがほとんどで、そこに所属するのは〝自分を番組に起用して欲しい〟後輩タレントや芸人の打算からなのが丸見えでした」

古くは和田アキ子率いるアッコ軍団に始まり、ビートたけし、明石家さんま、石橋貴明、松本人志などなど。例外は上島竜兵を囲む竜兵会ぐらいだ。

「それらに比べるとジャニーズの会は、純粋に〝勉強させてもらいたい〟〝一緒にいると楽しい〟〝特別にリスペクトしている〟といった、プライベートを充実させたいメンバーの集まりに感じます。会も新しく、リーダーも若い京本会がさらに大きくなれば、彼の他にもSixTONESやSnow Manのメンバーが会長になる会が結成される可能性も高い。そうすればグループの垣根を越え、面白いことが出来るかもしれませんね」

これが〝プロデューサー〟としての視点から見た分析。

なるほど。その先陣はもちろん、〝京本会〟に切って頂くとしよう――。

京本大我が夢見る〝伝説の仕事人〟との共演

『10年前の俺は父親との共演、
それも『必殺仕事人』なんか絶対に嫌だったけど、
今ならもっと素直に、役者の大先輩でもある父親に胸を借りてみたい。
〝それも『仕事人』で〟——と思えるようになってます』

これまでに時代劇といえば、滝沢秀明が主演した『鼠、江戸を疾る』シリーズの出演程度だったが、殺陣の腕前は舞台で鍛えられて一級品の京本大我。かつては〝時代劇は絶対にお断り〟だった父親との共演に興味を示したのは、役者としての成長の証に違いない。

「実際、これまでにも『滝沢演舞城2014』で親子共演が解禁され、『徹子の部屋』やバラエティ番組でのメッセージ交換。つい先日にはS・i・x・TONESの『オールナイトニッポン』での自宅リモート生放送など、京本親子は結構な仲の良さをアピールしています。しかし時代劇、それも『仕事人』となると、明らかに話題先行の餌食ですからね。それにお父さんの政樹さんにとっては、『仕事人』の仕事は〝終わったこと〟ですから」

京本政樹・大我親子と「年に1〜2回は食事に行く」と語る人気放送作家氏は、「仕事はまったく関係なく、西麻布の鮨屋でたまたま親子でいらした時に知り合った」そうで、たまに政樹氏がバラエティ番組に出演する際、アドバイスを求められる関係だという。

「とてもフランクな方で、どこの店で飲んでいても気軽にサインに応じてます。しかしその反面、長い芸能生活からか〝怪しげな人物〟との写真撮影は断ったりと、大我くんはお父さんといる時が一番安全ですね」(人気放送作家氏)

これは一部には知られた話だが、1970年代の半ばに〝ジャニーさんにスカウトされた〟経験を持つ政樹氏は、ジャニーズのタレントたちとは一通り食事に行ったことがあるのでは?……とも言われている。

「それこそかつてはマッチからヒガシ、キムタクも連れ回してますからね。SixTONESでも田中樹くんは、ちょっといいモノが食べたい時は〝大我のお父さんに電話しろ〟が合言葉になっている……なんて話も(笑)」(同放送作家氏)

政樹氏はジャニーズ事務所には入らなかったが、安心して頼れる芸能界の先輩だろう。

「でも政樹さんがそうしてジャニーズのアイドルにご飯を食べさせているのは、すべては大我くんのため。その証拠に最初に大我くんが〝京本政樹の息子〟として話題になった時には距離を置いて、彼が〝どこまで一人で頑張れるか〟を試していた。やがてバカレア組で注目度が増した頃から、今度は逆に〝2世として色眼鏡で見られないようにするため〟に、積極的に関わるようになったと聞いたことがあります。あえて〝親バカ〟を演じて大我くんの周辺に飛び込み、自分を中心に〝仲間〟にしてしまう作戦でした」(同氏)

これだけ守ってもらえているとは、京本大我は幸せな息子だ。

「さらに舞台やテレビで共演するようになると、親子共演が〝NGじゃない〟と判断した制作陣が、真っ先に〝時代劇での親子共演〟の企画を持ち込んだそうです。当初は大我くんのほうが〝組紐屋の竜〟というお父さんの金看板にビビって、時代劇の共演は尻込みしていた。政樹さんは〝息子がその気になるまで待つ〟がスタンスで、話題先行のオファーはお断りしていたそうです」(同氏)

ここでも父の愛が防波堤の役割を果たしてくれていたのだ――。

『10年前の俺は父親との共演、
それも『必殺仕事人』なんか絶対に嫌だったけど、
今ならもっと素直に、役者の大先輩でもある父親に胸を借りてみたい。
〝それも『仕事人』で〟――と思えるようになってます。
やっぱり東山さんや松岡くん、知念くんがレギュラーで出ていることで、
『仕事人』に対する感じ方も変わってきたのかな。
ウチの父親、〝組紐屋の竜〟に対しても（笑）』

東山紀之主演で2007年からスタートした現『必殺仕事人』シリーズ。
この6月28日には11作目がオンエアされたが、東山が演じる主役の同心・渡辺小五郎、松岡昌宏が演じる経師屋の涼次はシリーズを通して出演しているが、知念侑李が演じる〝3人目の仕事人〟は、大倉忠義、田中聖に続いて3代目の出演。

京本大我はオフレコとはいえ――

『〝先に俺が『仕事人』のレギュラーになって、父がゲストの敵役で出演する〟……みたいな夢が叶えば最高』

――と、大胆な発言を。

果たして〝伝説の仕事人・組紐屋の竜〟は再び蘇り、息子が演じる新たな仕事人と対峙するようになるのか。

京本大我の夢が叶うのは、いつだろうか――。

〝ミュージカル俳優〟としての意地とプライド

『〝天才〟とか〝天才的〟って言葉、すごく便利な褒め言葉だよね。
そう言われたら誰だっていい気持ちになるし、
言われて否定する人も「違うよ～」と言いながら笑顔だもん』

2019年6月から7月にかけて出演した『エリザベート』以来、自分に興味を持ってくれた何人かのギョーカイ人から「天才」と言われた京本大我。もちろん自分自身ではそんなことを考えたこともないが、言われるたびにふと頭をよぎるのはこんなことだった。

「10年近く前の大我くんは、自分が〝2世タレント〟であるがゆえのコンプレックスを持っていました。しかもジャニーズ事務所に所属するアイドルだったために、外の現場では〝お父さんの力でアイドルにしてもらえた〟の偏見も。それを払拭することが出来たのは、『エリザベート』のオーディションを受けて見事に合格した時（2015年）。今やSixTONESの〝ミュージカル担当〟として絶対的な存在感を放ち、何よりも歌唱力の向上は目を見張ります」

ジェシーとのツインボーカルでSixTONESの音楽を引っ張る京本大我について、彼がまだバカレア組に選ばれる前から注目していた某アイドル誌のJr.担当ライターは「デビュー出来たのは嬉しいけど、自分が定期的にインタビューすることがなくなるのは残念」と、寂しそうに語った。

「最後に大我くんと話したのは、去年の『エリザベート』の上演が終わって、9月に入った頃。2016年から3年ぶりの『エリザベート』だったので、始まる前は〝大丈夫かな?〟と心配していたのですが、見事に3度目のルドルフ役を演じてくれました。当初、3ヶ月公演の最初の2ヶ月（6月・7月）しか出演しないのはなぜかと不思議に思っていたのですが、Jr.東京ドームコンサートのリハーサルと本番、さらにはデビュー発表があり、また10月からはSixTONESの単独ツアーも始まりましたからね」（Jr.担当ライター氏）

その3年ぶりの『エリザベート』でライター氏が素直に驚いたのが、歌唱力の向上に加え、「舞台上での表現力」だったという。

「確かに彼は、一人の若手ミュージカル俳優として着実に階段を上っている。ミュージカル界にいる友人の話では、〝男性はSixTONESの京本大我、女性は乃木坂46の生田絵梨花。この2人はアイドル出身だからといってナメてはいけない〟が、今のミュージカル界での評価だと聞いています」

(同ライター氏)

ところがそれほどの評価をされている京本自身には、やや不満なことがあるようだ。

それは以前からの京本を知らず、その2019年『エリザベート』で彼を知った関係者から、

「アイドルとは思えない」

「天才肌。ルドルフを憑依させている」

「ミュージカル界に若き天才が現れた」

――などと、気恥ずかしいほどの声をかけられることらしい。

『〝天才〟とか〝天才的〟って言葉、すごく便利な褒め言葉だよね。
そう言われたら誰だっていい気持ちになるし、
言われて否定する人も「違うよ～」と言いながら笑顔だもん。
だから俺には、逆に〝ディスってる言葉〟にも聞こえる。
ただ一つだけ言いたいのは、俺も〝努力しないで〟天才になりたい（笑）』

『エリザベート』が上演されなかった2017年、2018年の2年間も、京本大我は――

『自分を磨くことを忘れた日はなかった。
努力しか自分を高める材料はない』

――と言って、精進の日々を送った。

「自分でオーディションを受け、自分で掴んだ役だからこそ、大我くんは2015年と2016年のWキャストで、すでに若手ミュージカルスターとして評価されていた古川雄大くんとの〝差〟を感じ、『次は負けたくない』――と努力した2年間があった。成長したことを評価されるのは嬉しいけど、決して〝天才〟とか、そういう括りにまとめられたくはない。それが大我くんの意地とプライドなのです」(同ライター氏)

京本が悔しい思いをさせられた古川は、2019年には準主役のトート役をミュージカル界の貴公子、井上芳雄とのWキャストで演じる飛躍ぶり。また中止にはなったものの2020年版では、その2人に山崎育三郎が加わり、事実上の〝ご三家〟と言われるほど。

『いつか俺もトートをやりたい。
いや、やってみせる!』

――京本大我は、ライター氏に力強くそう宣言したという。

いずれ近い将来、トート役を演じる京本の雄姿を見ることが出来るだろう。

夢は口にして、そして叶えるものだから――。

役者・京本大我が目指す〝生きざま〟

『昔、父親に「役者は生きざまが芝居に現れる」――って言われたことがあって、内心「(〝生きざま〟と言われても、俺はジャニーズだし……)」――と、ピンと来なかった時代があったんだけど、外の世界でオーディションを受けるようになって、それが身に染みてわかるようになりましたね』

父、京本政樹の言葉が一つ理解出来るようになると、役者の先輩としての尊敬も大きくなる。「役者は生きざまが芝居に現れる」――さて、京本大我が目指す生きざまとは?

「今は自分の生きざまを見せるというよりも、まだ〝しっかりと生きていく〟ことが何よりも大切だと思っているようです。今年の12月3日で26才、いくら一般の同年代より〝濃く〟生きているとはいえ、まだまだ人生を模索する段階でしょう」

2020年5月8日から日生劇場で上演される予定だった京本大我主演、ブロードウェイ(ディズニー)ミュージカル『ニュージーズ』日本側スタッフ氏は、この日本初演作が流れたことを「心から残念だった」と語る。

「ニューヨークの片隅で新聞を売る孤児やホームレス少年の集団〝ニュージーズ〟の物語で、時代設定の1899年という世相や背景も日本の観客には馴染みがありませんが、主人公を演じる大我くんを筆頭に、ヒロインには元宝塚歌劇団雪組トップの咲妃みゆさん、ニュージーズのメンバーにあの加藤清史郎くん。主人公の相棒的存在の足の不自由な少年役に、テニミュ俳優の松岡広大くん。さらにジャーナリストにとって世界的権威のピューリッツァー賞の名前でお馴染み、ジョーゼフ・ピューリッツァー役を松平健さんが演じる予定でした。大我くんを中心にした個性的なメンバーが、ニューヨークの片隅で生きたニュージーズをどう演じるか？ 5月の日生劇場、さらには6月の梅田芸術劇場で、その真価を発揮して欲しかったですね」(『ニュージーズ』日本側スタッフ氏)

それにしてもスタッフ氏の口振りからは、この作品がすぐに幕を上げる可能性は低いと言わざるを得ない。制作の東宝サイドから〝延期〟ではなく〝中止〟と発表されているのが、まさにその証拠だろう。実際、日生劇場や梅田芸術劇場の公演スケジュールは、公表されていない分も含めておよそ2年先まで埋まっているのが普通。制作を担当するスタッフの再手配も含め、そう簡単には延期が出来ないのだ。

「コロナ感染が広まり、関係者みんな〝ダメだろうな〟とは思いながらも、『ニュージーズ』の舞台になる1800年代の終わりから1900年代初めの世界情勢など、大我くんは『**絶対に勉強がしたい**』からと、僕ら制作サイドも2月の終わりぐらいまではレクチャーと勉強会を続けていました。彼は、『**誰もその時代から生きてないし、資料でしか時代背景はわからない。でもたくさん勉強すれば、自分の想像力の範囲も広がる。広がれば役作りも見えてくる**』――と、こちらが恐縮してしまうほど前向きに取り組んでくれました。上演出来るかどうかもわからないのに……」(同スタッフ氏)

いや、京本にとっては『ニュージーズ』が上演されるかどうかより、彼自身が克服しなければならない課題があったのだ――。

『昔、父親に「役者は生きざまが芝居に現れる」――って言われたことがあって、内心「（〝生きざま〟と言われても、俺はジャニーズだし……）」――と、ピンと来なかった時代があったんだけど、外の世界でオーディションを受けるようになって、それが身に染みてわかるようになりましたね。演出家が見ているのは小手先のテクニックだけじゃなく、オーディションを受けに来たこの人物に、〝どれだけの可能性が秘められているのか〟――そこにはやっぱり、それまでの生きざまや経験が影響するんです』

そう、どんな作品においても、それを演じる役者は自分の生きざまや、それまでの経験を、その役に込めねばならないのだ。

それが作品や演じる人物の〝深み〟に繋がるのだから。

だとすれば、京本は『ニュージーズ』の世界をより深く自身のものとするために、当時の時代背景、人物像を徹底的に勉強し、自分自身の一部に取り込むほどの努力が必要なのだ。

「先ほどもお話ししましたが、今の彼は自分の生きざまを見せるというよりも、どうやって〝しっかりと生きていくか〟が大切。この作品に取り組む姿勢こそが、大我くんが〝しっかりと生きている〟証明なのです」（同スタッフ氏）

残念ながら上演は中止となってしまったが、今回の経験はいずれ確実に京本大我の身となり、将来役者として大きく羽ばたく糧となるに違いない――。

京本大我が語る〝メンバー同士の距離感〟

『たまにプライベートの友だちに、
「髙地くんっていい人そうだけど、どうなの」って聞かれるから、
そんな時は「たぶん」と答えることが多い。
だって俺の友だちにとっては、
いい人か悪い人か、性格が合うか合わないか、
当人同士が絡んでみなきゃわかんなくない?』

素直に「いい人だよ! 一緒にいて一番楽なヤツだし」と答えれば
いいのに、あえて友だちにナゾを残すように答える京本大我。
果たして、その言葉の裏に隠された真意とは?

「ファンの皆さんには知られた話でしょうが、京本くんと髙地くんはSixTONESが結成されてから2～3年の間、地方コンサートの宿泊や、たまに都内でも早朝5時のロケバスで出発する時の前泊など、基本的にはいつも同じ2人部屋を割り当てられたそうです。後の4人はジェシーくんと慎太郎くん、北斗くんと樹くんの組み合わせが多かったそうですが、京本くんと髙地くんはいつも一緒。お互いにゲームや読書など、ホテルの部屋では1人で没頭するタイプで、京本くんに言わせると**『波風がまったく立たない組み合わせ』**——なんだとか」

ニッポン放送『SixTONESのオールナイトニッポンサタデースペシャル』を担当する制作スタッフ氏は、番組がスタートする2ヶ月ほど前から、メンバーのキャラクターを掴むためにSixTONESの現場に出向き、空き時間に雑談をしながら打ち合わせの代わりにしていたという。

「本当はデビュー後のイベント会場でも観察したかったんですけど、コロナのせいで飛んじゃったので。話を聞くより、たとえばファンと交流する姿を見たほうが参考になることも多いので」(『SixTONESのオールナイトニッポンサタデースペシャル』担当制作スタッフ氏)

それは制作現場で数多くのアーティスト、パーソナリティと仕事を重ねてきた者にしか言えない視点だろう。

「大我くんと話していた時、ふと〝メンバーで一緒にいて一番楽なのは誰?〟と聞いてみたくなったんです。やっぱり6人の中では、彼が最も〝素を出さない〟メンバーに見えたんですよね。いつも気を張っているというか……」(同制作スタッフ氏)

実際の性格はさておき、SixTONESの中で〝王子様キャラ〟を演じるとしたら「大我くんしかいない」と言うのが、制作スタッフ氏から見た京本の姿だった。

父親の血を引き、さらにはミュージカル『エリザベート』でオーストリアの皇太子、ルドルフを演じていたからだろうか。

しかし、そんな京本が最も〝楽〟で〝素〟を見せられる相手がいたとしたら、確かにそれは興味深い。

「そこで真っ先に名前が出たのが〝髙地優吾くん〟でした。理由に挙げたのが、先ほども触れたように『**お互いに没頭するタイプなので変に波風が立たない**』――だったのです」(同氏)

さらに京本は髙地について、こんなエピソードも披露してくれたそうだ――。

『たまにプライベートの友だちに、
「髙地くんっていい人そうだけど、どうなの」って聞かれるから、
そんな時は「たぶん」と答えることが多い。
だって俺の友だちにとっては、
いい人か悪い人か、性格が合うか合わないか、
当人同士が絡んでみなきゃわかんなくない?
それでも「たぶん」と答えているんだから、
実質「YES」と同んなじなんだけどな~(笑)』

この「たぶん」には、いくら友だちでも――

『お前らに簡単にわかってたまるかよ!』

――ぐらいの〝強い気持ちが隠されている〟気がしてならないと、制作スタッフ氏は語る。

そして京本は制作スタッフ氏との会話の最後に、フォローするように――

『まあ、他のメンバーも楽だよ。
高地とは本当に〝微差〟の戦い。
天気によって気分が変わる程度かな』

――と言って、笑い飛ばしていたという。

そう、メンバーにはメンバー同士にしかわからない距離感がある。
しかし、これだけは言えるのは、6人はSixTONESとして共に歩み、これからも共に切磋琢磨して頂点を目指して走り続けていく〝同志〟だということだ。

SixTONES
×6

SixTONES

3rd Chapter

松村北斗

Hokuto Matsumura

〝最高〟から〝最強〟へ――進化した6人

『デビューが決まって、改めて自分の立ち位置というか、

〝SixTONESの中で何が出来るか〟を考えてみた時、

俺には――

「ずっとこの6人で生きていく気持ちしかないな」

――って気づいたんです』

多くの関係者やスタッフが「無器用な性格だからわかりにくいけど、メンバーに対する優しさや接し方を見ていると、間違いなく北斗の〝SixTONES愛〟は本物」と断言するのは、松村北斗の言動を見てのこと。それはもちろん他のメンバーも感じていて、高地優吾が表のリーダーなら、松村が〝裏のリーダー〟とも言われている。

「北斗くんほど、ルックスと性格にギャップがあるメンバーはいないんじゃないでしょうか。見た目は寡黙で、考え込んでいる様子の時に話しかけると怒り出しそうなオーラを放ちながら、実際には頭の中で『（やっぱりジェシーに似合うのは少しハード目な衣裳だよな。でも本人も少し飽きてるんじゃない？）』……などと、いつもメンバーのことを考えている。表に髙地優吾くん、裏に松村北斗くん――この2人がいかにして〝あの4人を自由に楽しませるか〟を考え、サポートしているからこそ、SixTONESはSixTONESらしくいられるんですよ」

さすがかつて『ガムシャラ！』時代にはSixTONESの、それも松村北斗の担当だったテレビ朝日ディレクター氏だけのことはある、的確な分析だ。

「あの時から北斗くんは自分にストイックでした。でもそれはチーム戦の場合、自分のミスで仲間に迷惑をかけてしまうことを良しとしない性格ゆえ、あくまでも〝勝敗にこだわる〟タイプでしたね。芸能人にありがちな自己顕示欲の強さとか、誰かに認められたい承認欲求とか、そういったこととは無縁のタイプです」（テレビ朝日ディレクター氏）

そういえば〝表のリーダー〟髙地優吾とは、2009年6月に結成された〝中山優馬 w／B.I.Shadow〟時代からNYC boys、B.I.Shadow、バカレア組、SixTONESと、グループ歴も同じ道程を歩いてきた〝同志〟だ。

「バカレア組からSixTONESまでの数年、ジェシーくんとコンビのように活動した時期もありましたが、ちょうどジャニーズJr.を代表するグループがいなかったので、当時はパフォーマンスに最も勢いがある2人に白羽の矢が立った。〝もしあの時、KinKi Kids、タッキー&翼に続くコンビでデビューが決まっていたら、どうなっていたと思う?〟と北斗くんに聞いてみたことがあるんですが、**『口には出さなかったけど、俺もジェシーも〝そうはならないだろうな～〟とは思ってましたよ。だってキンキさん、タキツバさんと比べたら、自分たちが2人だけでステージに立てるイメージが湧かないから』**――と、意外な答えが返ってきました。でも僕が思うには、2人がもっとジャニーさんにアピールしていれば、間違いなくコンビの可能性を見出だしてくれたと思います。ひょっとしたら北斗くん、内心では**『バカレア組のみんなに悪い』**――などと考え、一歩前に踏み出す勇気に繋がらなかったのでは……と感じています」(同ディレクター氏)

なるほど。松村の性格を聞けば聞くほど、それが正解に一番近い気がする。

だとすれば――

『デビューが決まって、改めて自分の立ち位置というか、
〝SixTONESの中で何が出来るか〟を考えてみた時、
俺には――
「ずっとこの6人で生きていく気持ちしかないな」
――って気づいたんです。
もちろん〝個〟の自分も大切。
でもそれは6人で成功するためのステップ。
感情を出すのは苦手だけど、本当はかなりアツい男ですよ、俺は（笑）』

――そう話す松村にとっては〝最強のグループ〟でデビューを迎えたということだ。

「〝最高〟ではなく〝最強〟。彼らにとっての〝最高〟は、バカレア組として団結し、気持ちが一つにまとまった時だったのでしょう。しかしそれから8年近く、デビューの機会は訪れなかった。彼らにとってその8年が持つ意味を考えると、個々のスキルを磨き、勢いだけではなく中身が伴った〝最強〟へと成長するために、どうしても必要な年月だった」(同ディレクター氏)

〝最高〟から〝最強〟へ——。

〝最強の6人〟となったSixTONESの実力を、これからすべての人々に、まざまざと見せつけて欲しい。

松村北斗が気づいた〝自分の仕事の意義〟

『改めて自分の仕事が〝みんなを笑顔にすること〟で、本当に良かったです』

松村北斗が友だちとのリモート飲み体験で気づいた〝自分の使命〟。
改めて自分の仕事の意義を知ったのだ。

今年の1月クールに松村北斗が出演した連続ドラマ『10の秘密』現場スタッフ氏は、

「緊急事態宣言が全国的に解除された後、北斗くんから連絡をもらったんです。ただし僕の場合、リモート飲みのお誘いではなく普通のテレビ電話でしたけど」

――と言って、その時のエピソードを話してくれた。

「最初は『10の秘密』で主演を務めてくれた向井理くんが大河ドラマで演じた〝足利義輝〟の話でした。**『見ました? 向井さんの長ゼリフ。将軍の葛藤が芝居を通して伝わってきたし、あの世界観に吸い込まれそうになりました』**――と、かなり興奮した様子でテレビ電話がかかってきたんです」（『10の秘密』現場スタッフ氏）

ちなみに緊急事態宣言が全国的に解除されたのは、5月25日の夜のこと。大河ドラマ『麒麟がくる』で向井理が演じる足利義輝の名ゼリフは〝3月29日〟にオンエアされているのだから、ほぼ2ヶ月間、松村はこのネタを寝かせていたということか?

「単純に緊急事態宣言が明けるまで待っていただけのようです。その3月29日の夜に志村けんさんがお亡くなりになり、芸能界もテレビ界も騒然としていたので、向井くんの芝居の感想を伝えるために連絡するような状況ではありませんでしたからね」（同現場スタッフ氏）

それに松村もSixTONESとして〝Smile Up Project〟の配信ライブ直前で、そんな連絡を入れている場合でもなかったのだろう。

「北斗くんは在宅期間中に『**向井さんや仲間（由紀恵）さん、それに（山田）杏奈ちゃんの名前を番組表で見つけると、気になってチェックしてました**』――と、映画やドラマ漬けの毎日を送っていたと話していました。中でも『**驚いた！ ショッキング‼**』――と言うのが、杏奈ちゃんが主演した『ミスミソウ』という映画だったそうです」（同氏）

両親と妹を放火殺人で失った主人公が、犯人グループである同級生男女、さらには燃え盛る家の中に救助に飛び込むものの、焼け焦げた父と妹の姿を写真に収めて見殺しにしたボーイフレンド、彼らを対象にした復讐殺人に手を染める物語だ。

「北斗くんがショックだったのはストーリーや映像はもちろん、杏奈ちゃんが〝主演女優として肚が座っている〟ところで、つい何ヵ月か前に共演した年下の女優さんに、なぜか『**敗北感を感じたし、俺はまだまだ甘い**』――と思い知らされたそうです。つまりそれだけ、北斗くんは役者として〝**もっと上手くなりたい**〟向上心に溢れている証明ですよ」（同氏）

そしてその後の会話で、松村はその向上心だけではなく、タレントとしてのモチベーションを強く感じた〝ある出来事〟を明かしたのだ。

『自宅で友だちとリモート飲みをしていた時、
きっかけも覚えてないようなことで爆笑して、それが延々と続くというか、
1時間ぐらいずっと笑いっぱなしだったんですよ。
その時、相手が友だちだったにせよ、
「笑顔や笑いってお互いにすぐ伝染して、
しかもコロナ感染と違って幸せな気持ちが残る、
〝最高のアイテム〟なんじゃないかな」——って感じたんです。
改めて自分の仕事が〝みんなを笑顔にすること〟で、本当に良かったです』

——そう言って、素直な想いを告げた松村。

役者として、タレントとして、松村北斗はこれからもっともっと大きく成長するだろう。

『自分の仕事が〝みんなを笑顔にすること〟で、本当に良かった』

――松村にその想いがある限り。

松村北斗の〝誠実な想い〟

『ジャニーズJr.東京ドームコンサートの少し前、
リハーサルの合間にアクロバットの練習をしていたちびっ子がいて、
なかなか上手く出来ずに笑われていたんですよ。
だからその子たちに「そんなにおかしいの?」って聞くと、
「何ヵ月も練習しているのに下手くそだから」って言うんで、
つい口出しちゃったんです』

努力する者を笑うことは、笑った分だけしっぺ返しを喰らう。

ちびっ子Jr.にどこまで届いたかはわからないが、松村北斗の〝正しい教え〟を理解した子だけが、何年か後に松村に感謝するに違いない。

「相手が小学生のちびっこJr.だけに、北斗くんもかなり言い方が難しかったと思います。それでも見て見ぬふりをせず、ちゃんと伝えた。そこに、北斗くんの〝仕事に対する誠実さ〟を感じました」

ＮＨＫ ＢＳＰ『ザ少年倶楽部』現場スタッフ氏は、昨年末、スペシャルコーナーとはいえ『ＮＨＫ紅白歌合戦』に出演したＳｉｘＴＯＮＥＳのリハーサルに立ち合い、その姿を感無量で見守ったと振り返る。

「ＳｉｘＴＯＮＥＳだけじゃなくＳｎｏｗ Ｍａｎもそうですが、決して恵まれていたとは言い難いジャニーズJr.時代を経て、デビューが決まるまでの過程を見てきたわけです。いわゆる〝初出場〟ではありませんが、ちゃんとグループ名が表に出るステージ。ウルっと来ないほうが不思議ですよ」

（『ザ少年倶楽部』現場スタッフ氏）

2組は『ジャニー喜多川さんへ届け！ ＳｉｘＴＯＮＥＳ・Ｓｎｏｗ Ｍａｎ率いるジャニーズJr.が紅白の舞台でスペシャルパフォーマンスを披露！』と題するスペシャルコーナーで、『ＬＥＴ'Ｓ ＧＯ ＴＯ ＥＡＲＴＨ』『Ｌｅｔ'ｓ Ｇｏ ｔｏ Ｔｏｋｙｏ』を披露。見事に初のステージを務め上げた。

「そのリハーサルの合間、たまたまSixTONESが食事休憩のタイミングで一緒に食堂に向かったんです。そこで定食を食べながら〝紅白出場歌手は、生放送が終わると、ここで簡単な打ち上げをする。来年はSixTONESも参加出来るようにならなきゃね〟と言うと、北斗くんは『僕らはまだ無理ですよ。デビューして何曲か着実にヒットさせないと』――なんて謙遜していました。あの時はまさか、デビュー曲がミリオンセールスになるとは思っていなかったでしょう」（同現場スタッフ氏）

そこで現場スタッフ氏は松村に、

「デビューしたらJr.じゃなくなるし、今のうちに後輩たちにいろいろと伝えておきたいことがあるんじゃないの？」

――と、何の気なしに尋ねたそうだ。

それに対して松村は――

『HiHi Jetsも美 少年もしっかりしてるし、彼らがトップで引っ張れば大丈夫ですよ』

――としながらも、「ただ……」と続けたのがこのセリフだった。

『ジャニーズJr.東京ドームコンサートの少し前、
リハーサルの合間にアクロバットの練習をしていたちびっ子がいて、
なかなか上手く出来ずに笑われていたんですよ。
だからその子たちに「そんなにおかしいの?」って聞くと、
「何ヵ月も練習しているのに下手くそだから」って言うんで、つい口出しちゃったんです。
「君らが笑ってる間、君ら自身は1ミリも成長してないんだよ」――って。
ちょっと大人げなかったかな（苦笑）』

松村北斗は中学1年生の終わりにジャニーズJr.に入り、数ヶ月後にユニットに抜擢された。

どのグループにも所属しない時期も短かったゆえ、ジャニーさんやダンス講師の目に留まるように自ら積極的にアピールしなければならない機会も少なかったに違いない。

しかしながら周囲から見て恵まれた自分ではあるが、アピールするために努力する者を笑う権利など誰にもないことは知っている。

なぜならば——

『努力が報われるとは限らないけど、
努力は自分を裏切らないし、成功は努力の先に掴めるもの。
努力しない人間は、ここにいてはいけない。
それがエンターテインメントの世界』

——だと知っているからだ。

「いくら小学生でも、彼らはエンターテインメントの入口に立っている。そのドアを開け、中に入った時に何が必要か？ 正面から正論を打っても、どれほど理解してくれるかわからないけど、『それでも先輩として言わなければならないことがある』——というのが、北斗くんの気持ちだったそうです」（同氏）

松村は——

『もし仲間の努力を笑うJr.がいたら、きっと俺はまた注意すると思う。
それで後輩から嫌われようが、そんなことはどうでもいい』

——と、やや強い口調で語ったという。

しかしそこには、実は……

『みんなわかってくれるはず』

——の期待が込められていると、松村北斗の話を聞いた現場スタッフ氏は語ってくれた。

〝ほくじぇ〟の絆

『ジェシーと〝ほくじぇ〟と言われ出して6年？ 7年？……ぐらいになるけど、十代の頃から今までずっと変わらないのは、ジェシーが初めての現場に入る日の前夜とか当日の朝に、「めっちゃ緊張してんだけど。俺、大丈夫だと思う⁉」――って電話してくるところ』

ジェシーの松村北斗に対する信頼感がよくわかるエピソード。2人で同じ作品に出演している時にも、それでも必ず連絡をしてくるという。もはや松村はジェシーの〝お守り〟代わりかも？

「S-i-x-T-O-N-E-Sで一番身体が大きく、さらにステージ度胸満点に見えるジェシーくんが、北斗くんに言わせると『**緊張でビビりまくっていた**』——なんて、何とも可愛いエピソードじゃないですか(笑)」

松村北斗とは「衣装や服の話で盛り上がってから、今でもたまに買った服の写メを送り合う仲」というのは、かつて松村が主演した某ドラマのディレクター氏。素性を詳しくお話し出来ないのが残念だが、ヒントはどこかに隠されているので、今回はそちらもお楽しみ頂くとしよう。

「僕らが出会ったのは独特の世界観のドラマで、衣裳も一点物を中心に高級な着物や和服が多かったんです。当時、北斗くんは十代でしたが、そういう衣裳に興味を示していて、ふいに『**衣裳と普段着の落差が面白いですね。普段着も衣裳ですけど**』——などと、他の出演者と比べて、特に衣裳に対する観点が独特でした。玉森裕太くんや中山優馬くんとは明らかに違って。そうして衣裳からファッション系の話が盛り上がり、いまだに写メを送って私服を批評し合ったりしています」(某ドラマディレクター氏)

もう答えを明かしたも同然だが、このまま続けていこう。

「実は当時、元SMAPのマネージャーで有名なIさんが有望なJr.のマネージメントをジャニーさんから任されていて、北斗くん、ジェシーくん、それから森本慎太郎くんを自分の影響力が及ぶドラマにブッキングしていたんです。具体的にはSMAPやKi-s-My-Ft2など、自分の担当グループのタレントが主演するドラマ。それとフジテレビの月9枠です」(同ディレクター氏)

2012年4月クール『私立バカレア高校』以後の2人を2013年まで見てみると——

〈ジェシー〉
『スプラウト』(2012年7月クール)
『ビブリア古書堂の事件手帖』(2013年1月クール)※月9枠
『仮面ティーチャー』(2013年7月クール)※藤ヶ谷太輔主演
『ぴんとこな』(2013年7月クール)※玉森裕太主演
『安堂ロイド』(2013年10月クール)※木村拓哉主演

〈松村北斗〉
『黒の女教師』(2012年7月クール)
『Piece』(2012年10月クール)※中山優馬主演
『ぴんとこな』(2013年7月クール)※玉森裕太主演

——と、2人とも当時の〝ジャニーズJr.の顔〟に相応しい活躍を続けていた。

「森本慎太郎くんも『私立バカレア高校』で主演を務めた後、すぐに7月クールから『GTO』に生徒側の主役で出演しています。また2012年10月、2013年1月、2013年4月の3本のスペシャルに出演した後、2013年4月クールで『幽かな彼女』に出演。『幽かな彼女』の主役は香取慎吾くんで、さらに『GTO』がオンエアされた火曜日夜の関西テレビ枠は、草彅剛くんの代表作が多く制作された枠ですからね」（同氏）

なるほど。そういう繋がりがあったわけか。

……とはいえ、いくら事務所の推しがあったとしても、やはり本人たちにそれ相応の実力がなければ使ってはもらえない。

ジェシーも松村も一発花火で終わらずにドラマ出演が続いたということは、〝本人の実力〟以外の何モノでもない。

『ジェシーと〝ほくじぇ〟と言われ出して6年？ 7年？……ぐらいになるけど、十代の頃から今までずっと変わらないのは、ジェシーが初めての現場に入る日の前夜とか当日の朝に、「めっちゃ緊張してんだけど。俺、大丈夫だと思う!?」

——って電話してくるところ。

特にバカレア組の後、1年ぐらいずっとドラマに出ていた時期があって、その頃からビビりまくっていて……。

実際の役はクールだったりするのにね（笑）』

——当時を振り返って、そう話す松村。

ところでジェシーが「一番ビビっていた」のは、やはり大先輩の木村拓哉との共演だったのだろうか。

「それが北斗くんによると、〝『ビブリア古書堂の事件手帖』で共演したAKIRAさん〟だそうです。

当時はAKIRAさんのほうがジェシーくんより少し身長が高く、芝居をする時に『目線を上げながらする芝居は緊張する』——と、北斗くんにこぼしていたそうです。やっぱり彼、可愛いところがありますよね（笑）」（同ディレクター氏）

役者としてのネームバリューよりも、背の高さでビビるとは……確かに可愛いかも。

そんなジェシーに頼られる松村北斗のほうは──

『〝そろそろ大人になってくれ〟……と思う時もあるけど、基本的に頼られるのは嫌いじゃない』

──と、満更でもない様子。

そして──

『〝ほくじぇ〟は腐れ縁だしね』

──と、照れ隠しで強がってみせたらしい。

松村北斗が見つけた〝歩むべき道〟

『世の中はいつも変化しているから、
昨日まで通じていた常識が明日からは通じなくなることもある。
俺は今回の新型コロナ感染とパンデミックで、
それを教えてもらえた気がする』

今までの日常世界をあっさりと変えてしまったＣＯＶＩＤ‐１９の世界的な感染拡大。松村北斗は「かっこ悪いけど、こうなってみて考えたことが多いのが恥ずかしい」——と苦笑い。しかし彼は、そんな困難な状況の下、これから進むべき道をしっかりと見つけていた。

「久しぶりに連絡をくれて嬉しかったんですけど、いきなりコロナのことを真面目に語り出した挙げ句、結局は出演映画の役作りの相談。確かに、演じる役は北斗くん自身からはずいぶんとかけ離れてますからね」

昨年の4月クールに松村北斗が出演した連続ドラマ『パーフェクトワールド』(フジテレビ) 制作スタッフ氏は、緊急事態宣言発令中の4月下旬、松村から「もし時間があったら連絡ください」とLINEをもらったという。

「すぐに連絡しました。そうするとまず、『**ドラマの現場が実際にはどうなっているのか?**』『**収録の目処はまったくついてないのか?**』――みたいなことを聞かれたんですよ」(『パーフェクトワールド』制作スタッフ氏)

松村は――

『**リモート飲みとかして、いろいろな方の話を聞かせてもらっています**』

――と、自身の近況をまず語った。

そして――

『これから世の中がどうなるのか、しっかりと見極めて正しい方向に歩いていかなくては』

――と、制作スタッフ氏に言わせると、

「半年ぶりぐらいに話しましたが、デビューしたことが理由なのか、驚くほど大人になっていた」

――と感じたらしい。

「もともと、大人っぽく見せるタイプなので、ルックスに中身がついてきたというか……。そうしてしばらく雑談していたら、『実は僕、ちょっと変わったストーリーの映画でW主演するんです。マンガ原作の。『パーフェクトワールド』もマンガ原作で、しかも難しい話だったじゃないですか? だからAさん(※制作スタッフ氏)と話すとヒントをもらえるような気がして』――と言い出したんですよ」(同氏)

松村が若手女優の森七菜とW主演するのは、来年公開の映画『ライアー×ライアー』(耶雲哉治監督)だ。

原作は累計発行部数170万部を突破した、金田一蓮十郎氏の同名コミック。

森が演じる潔癖性の地味系女子大生は、それぞれの親の再婚で義理の弟になった同級生と同居することに。

松村が演じるその同級生で義理の弟は、学校でも有名なほど女癖が悪い、〝クール系モテ男〟。

ストーリーは〝ややこしい三角関係〟を描くラブコメだという。

「いつクランクインするか、北斗くんから連絡があった時は決まっていなかったようです。ようやく今は新型コロナウイルス次第ではありますが、間もなく撮影開始のようです」（同氏）

ファンの皆さんもご承知の通り、松村は映画出演5作目にして本格的なラブストーリーに初挑戦。

松村は公式コメントで――

『登場人物1人1人がなんとも可愛いらしく、愛される作品になる力をとても感じています。
人を支えるとは、人を守るとは、人を愛するとは何なのか。
そのようなことを考えるきっかけにもなると思います』

――と、作品にかける意気込みを語った。

「〝クールなモテ男〟については北斗くんなら素で演じられるでしょうが、本人は『女癖が悪いって〝浮気性〟ってこと？　でも浮気性なら本命は一人いるんだよね』……などと、自分にない要素をどう表現するか、いろいろなスタッフの意見を聞きたいとのことでした」（同制作スタッフ氏）

様々な意見を聞いた上で、松村がどんな〝女癖の悪いクール系男子〟を演じるのか楽しみだ。

『世の中はいつも変化しているから、
昨日まで通じていた常識が明日からは通じなくなることもある。
俺は今回の新型コロナ感染とパンデミックで、それを教えてもらえた気がする。
ＳＦとかミステリー小説の中にしかないと思っていた世界が、
今自分たちが生活している世界になったんだもん。
だから絶対に毎日を真剣に、一生懸命に生きていくんだ。
そして自分やＳｉｘＴＯＮＥＳに何が出来るか、
しっかりと確かめていきたい』

――今回の新型コロナパンデミックを体験したことで、自分の意識に変化が生じたという松村。

『毎日を真剣に、一生懸命に生きていくんだ。
そして自分やSixTONESに何が出来るか、
しっかりと確かめていきたい』

毎日を真剣に、一生懸命に生きていく先には、必ずや松村北斗にとって、そしてSixTONESにとって、輝ける未来が待っていることだろう――。

SixTONES

×6

SixTONES

4th Chapter

髙地優吾

Yugo Kochi

〝大好きな世界だからこそ〟のこだわり

『自分にはありふれた才能しかないけど、
問題や課題を先伸ばしせずに、
解決してから次のステップに進む〝辛抱強さ〟
〝諦めない気持ち〟があったんです』

高地優吾がアイドルである自分に対して行った〝自己分析〟。「大好きな世界だからこそ、こだわりたい」と語る彼は『スクール革命！』オーディション合格から現在に至るまでの日々をどう感じているのだろうか。

日本テレビ『スクール革命!』を担当する構成スタッフ氏は、昨年秋頃に行われたスタジオ収録の際、髙地優吾と「お酒も飲んでいないのに語り合ってしまいました」と、笑いながら明かしてくれた。

「収録中の(スタジオ)前室や溜まりでは、周囲の誰が聞き耳を立てているのかわからないので、当たり障りのないバカ話をするのが普通です。もちろん打ち合わせもしていますけど。だからまさか、髙地くんとあんなマジ話になるとは思ってもいませんでした」(『スクール革命!』構成スタッフ氏)

きっかけはスタッフ氏が、CDデビューが決まったSixTONESとSnow Manの〝長年に渡るジャニーズJr.生活について〟何の気なしに尋ねたことだった。

「SixTONESも結成は2015年ですけど、メンバーの顔触れは2012年から一緒。髙地くんはウチの番組をきっかけにジャニーズJr.に入り、すぐにユニットに組み込まれるなど注目Jr.の一人だった。それでもCDデビューするまで10年以上かかっている。いくらデビューするのが一番の夢としても、よくそこまで辞めずに我慢出来たな……と。髙地くんならサラリーマンの道を歩んでも出世しそうだし、テレビ界に飛び込んでも優秀なディレクターになれそう。僕から見ると〝どの世界でも成功する〟と思えたので、かねてからそれが不思議だったんです」(同構成スタッフ氏)

2009年5月、当時15才、高校1年生でジャニーズJr.入りした高地には、これまでに幾度か〝進路を変更する〟選択肢のチャンスがあったはずだ。

しかし大学の卒論でも〝アイドル〟をテーマにするなど、この職業にこだわる意志は強く、26才になった今、アイドル界の最前線を走る存在になり得ている秘訣はどこにあったのだろう?

「だから思い切って、〝自分のどこが良かったのか〟——自己分析を本人に聞いてみたんです」(同氏)

すると返ってきたのが、こんな答えだったという——。

『ジャニーズJr.に入ってから、すごく幸運な道のりを歩かせてもらって、
でもその分、苦労というか悩みは人一倍あったんです。
〝俺がここにいていいのかな？〟……とか（苦笑）。
そんな時、たくさんの先輩や仲間にアドバイスをもらって乗り切れはしましたけど、
自分の中で一つだけ「これは違うな」と感じていたのが、
よくアドバイスで使う〝時間が解決する〟というフレーズ。
あくまでも俺は、それって「問題の先伸ばしにすぎない」――としか思えないから』

高地の口から飛び出した〝問題の解決を時間にゆだねる〟ことへの否定的なコメント。
そこには彼のどんな想いが隠されているのだろうか。
すると、さらに高地が続けたのが、こんなセリフだった――。

『自分にはありふれた才能しかないけど、
問題や課題を先伸ばしせずに、
解決してから次のステップに進む〝辛抱強さ〟〝諦めない気持ち〟があったんです。
大好きな世界だからこそ、こだわりたい。
そうしたら10年なんて、今思い返したらアッという間でしたよ』

――そう言って、トレードマークの笑顔を輝かせた高地優吾。

メンバーが彼を頼る、彼を必要とする理由が、また一つわかったような気がする。

髙地優吾が目指す〝表裏〟のある人間

『去年のツアーの時、きょも（京本大我）と移動中に揉めたんですよ。
俺が「もっと表裏のある人間になりたい」と言ったら、
きょもに「それ、表裏じゃなくて〝裏表〟じゃね?」――って返されて。
実際どっちが正解とかあるんですかね!?』

〝表と裏〟の「表裏」か、〝裏と表〟の「裏表」か。周囲でアンケートを取ると「裏表」のほうが若干〝性格が悪そう〟に聞こえるらしいのだが……。果たして?

「別に〝表裏〟でも〝裏表〟でもどちらでも構わないんですが、そもそも高地くんには無理な話ですよ。だって〝ポーカーフェイス〟が出来ないので（笑）」

隠し事が出来ない、何か秘密を抱えるとすべて顔に出てしまう高地優吾には、いずれにしても「どちらも無理」と言うのが、日本テレビ『スクール革命！』制作スタッフ氏だ。

「もともと、高地くんが京本くんとそんな話になったのも、実はウチの番組の雑談がきっかけなんですよ。デビューが発表された後の収録で、高地くんの所信表明みたいのがあって、その時に」

（『スクール革命！』制作スタッフ氏）

後に高地の口からも語られたように、昨年8月8日のジャニーズJr.東京ドームコンサート当日は、ちょうど『スクール革命！』スタジオ収録の日と被っていた。

「通常の収録スケジュールでも高地くんは東京ドームコンサートの直前リハーサルに間に合う予定でしたが、内村さんが率先して**『今日は高地のハレの日だから、少しでも早く東京ドームに入れるようにしてやろう！』**——と、収録を巻いて（※予定よりも早めること）送り出したのですが、その心遣いに**『涙が出るほど嬉しかったし、幸せでした』**——と、高地くんが次の収録で語り出したんです」（同制作スタッフ氏）

内村光良はじめ、レギュラーメンバーがスタジオに揃ったタイミングで、高地は「ちょっといいですか！」と手を挙げ――

『**前回は本当にありがとうございました！**』

――と深々とお礼をしたという。

「レギュラーの皆さんには楽屋を個別に訪ねてお礼をしているし、僕らスタッフもリハーサルの時にお礼をされたんです。それなのにまた、全員揃ったタイミングで改めてお礼を言うというのが、いかにも高地くんらしいですね」（同氏）

デビュー報告と所信表明も行った髙地に、内村が――

『**これからはもう少しズルく、性格が悪くならないと生き残れない**』

――とチャチャを入れると、山崎弘也も、

『**若林くんみたいに表の顔と裏の顔がある人間じゃないと売れない**』

――などと、芸人らしいボケを重ねる。

お陰で収録前にひと笑いあって、その日の収録も上手くいったらしい。

「でもそんなこと、その場だけのノリじゃないですか？ まさか髙地くんが、内村さんや山崎さんの言葉を真に受けてメンバーに相談していたなんて。素直すぎるにも程がありますよ（苦笑）」（同氏）

今年の2月に行われた『スクール革命！』の収録で、高地はスタッフの集まるスタジオ前室でこうボヤいていたのだ――。


『去年のツアーの時、きょもと移動中に揉めたんですよ。

俺が「もっと表裏のある人間になりたい」と言ったら、
きょもに「それ、表裏じゃなくて〝裏表〟じゃね？」って返されて。

「裏表じゃ性格酷いヤツみたいだから〝表裏〟がいい」

「言わねえだろ？〝表裏〟とか。やっぱ〝裏表〟だよ」

……みたいな。

単なるジャレ合いだけど（笑）。

というか、実際どっちが正解とかあるんですかね⁉』


――これを聞いた制作スタッフ氏や周囲のスタッフは、同時に「もしや？」の予感がよぎったという。

そう、高地はあの時、みんながボケたりツッコんだりしていたことを真に受けて、ずっと考え込んでいたんじゃないかと。

『もっと表裏のある人間になりたい』


素直で正直すぎる高地には残念ながら、その希望は叶えられそうにない。

……というか、そもそも〝表裏のある人間〟になる必要などないだろう。

今のままの高地優吾だからこそ、メンバーもファンも信頼してついて来ているのだから――。

高地優吾は〝ハムの人〟

『いや、最初は本当に意味がわからなくて。
スタッフさんに〝ハムの人！〟〝今年もよろしく！〟とか言われて、
「俺、別にそんなにハム好きじゃねーし、
〝今年〟って言われても去年は何だったんだよ？」――って膨れていたら、
別所哲也さんのお中元やお歳暮のＣＭのことだったんだね（苦笑）』

別所哲也が出演していた丸大食品のＣＭ「ハムの人」がオンエアされていたのは、１９９６年から２００５年までの10年間。もちろん高地優吾も生まれてはいても、さすがに鮮明な記憶はないだろう。それにしてもベテラン俳優の当たり役と、高地のどんな姿が似ているのだろうか。

「高地くんがムキになるから、みんながからかったんです（苦笑）。……というか〝ハムの人のCM〟はもう15年も前だったんですね。そりゃあ、彼もキョトンとするわけです」

日本テレビ『スクール革命！』スタッフ氏は、6月某日のスタジオ収録の際、高地優吾が数人のスタッフに「ハムの人」呼ばわりされている姿に、端から見ていて〝笑いが止まらなかった〟と振り返る。

「スタッフにイジられるのは、彼がそれだけ〝みんなに愛されている〟証拠なんですけどね。でもまあ、知らなければネタにもならないのも当たり前ですけど（苦笑）」（『スクール革命！』スタッフ氏）

しかしながら正直、私も読者の皆さんも頭の中は〝？〟マークだらけ。

そろそろ、ちゃんと説明して頂くとしよう。

「実はスタジオ収録が再開した日、髙地くんがオードリーの春日さんの楽屋を一番に訪ね、奥さんの〝出産祝い〟を手渡したんです。あまり大きな声では言えませんが、他のジャニーズのメンバーは持ってこなかったようで……。髙地くんは『**出産には立ち合えなかったと聞きました。でも今は毎日一緒なんですよね？**』——と、まるで自分のことのように嬉しそうに。しかも春日さんの奥さんの出産日、さらにその時の様子をしっかりと『**ラジオで聞いてました**』——と言うじゃありませんか。春日さんは薄っすらと涙を浮かべるほど喜んでいて、周りにいた僕らも感動しました」（同スタッフ氏）

舞台裏ではそんな気遣いを——。

だが、この話にはまだ〝おまけ〟が付いていたのだ。

「髙地くんは去年、若林さんが入籍した後でも結婚祝いを包んで楽屋を訪れたんです。その時も『**いい（11）夫婦（22）の日に入籍されたなんて、一生忘れませんよね！**』——と、若林さんの入籍日もラジオでチェック済みでした」（同氏）

なるほど。髙地が周囲のスタッフから「ハムの人」と言われていたのは、番組で共演している芸能界の先輩に〝お世話になっている感謝の気持ちをお祝いに込めて贈っていた〟からなのだ。

確かに別所哲也のCMが流れていた頃は、〝気遣い、心遣いの人〟というのがCMの売りでもあったっけ。

『いや、最初は本当に意味がわからなくて。スタッフさんに〝ハムの人！〟〝今年もよろしく！〟とか言われて、「俺、別にそんなにハム好きじゃねーし、〝今年〟って言われても去年は何だったんだよ？」――って膨れていたら、別所哲也さんのお中元やお歳暮のCMのことだったんだね（苦笑）。それでいろいろと聞いてみたら、CMの別所さんがやたらと気遣いの人で、高級ハムの付け届けをしている姿が「似ている」って。いやいや、俺の何に似てるんだよ？……てか別所さんに怒られるよ!?』

――さて、当の本人はどんな想いでオードリーの2人にお祝いを渡していたのだろう。

『自分はこの番組のお陰でジャニーズJr.になれて、
今こうしてデビューすることが出来ている。
芸能界の後輩としても、一《いち》社会人としても、
お世話になっているオードリーのお二人をお祝いするのは当然です』

――と、高地は涼しい顔で話していたとか。

「そして『〝大層なことをした〟的な受け取られ方をして、逆に困っています』――と、困惑している本音も。でも、なかなか出来ませんよ。彼が言うほど簡単には」（同スタッフ氏）

〝気遣いの人〟――高地優吾。

そんな高地だからこそ、〝S・i・x・T・O・N・E・Sのリーダー〟を任されているに違いない。

内村光良から託されたメッセージ

『実はこの前、内村さんに――
「あの子はどうしてんの？ 元気にやってんのかな」
――って声をかけられて、
それが〝手越（祐也）くんのことだ！〟って気づいた時、
内村さんの優しさに感動しちゃったんです』

たび重なる週刊誌報道と規律違反で、無期限の芸能活動自粛処分を受けた後、6月19日付でジャニーズ事務所を退所した元NEWSの手越祐也。そんな手越の謹慎中、何かと彼を気にかけていたのが『スクール革命！』『世界の果てまでイッテQ！』MCの内村光良だった。

「確かに髙地くんの言う通り、内村さんは手越くんのことを気にかけてます。でもそれは、万が一仮に髙地くんや山田（涼介）くんが謹慎になっても、同じように心配してくれたと思いますよ。みんな自分がMCを務める番組の大切な出演者ですから。そこには貴賤のようなものはありません」

髙地優吾から内村光良に声をかけられた話を聞かされた『スクール革命！』制作スタッフ氏は、こう言うと同時に、

「それが内村さんらしいといえばらしいのですが、しかし手越くんに関しては、ある種の〝責任〟も感じていたのではないか」

――と声を潜めた。

「さっきもお話しした通り、誰であろうと自分の番組の出演者には〝平等な対応〟をするのが、僕らから見る内村さんらしさといえます。ただし逆にいえば典型的な〝浅く広く〟の関わり方で、よほど長いつき合いでもない限り、〝平等〟を越える関係性にはなれないということでもありますね」

（『スクール革命！』制作スタッフ氏）

少し話は逸れるが、内村の相方であり同じ日本テレビの『ヒルナンデス！』を担当する南原清隆は、折に触れて出演者に声をかけると同時に食事に誘い、日頃の労をねぎらうという。

現在も出演中の関ジャニ∞横山裕は――

『あんなに大御所やのに、レギュラーのちょっとした変化を見逃さへん。生放送が終わったら〝このあと時間ある？〟って、気になった人に必ず聞いてはる』

――と言うほど、南原の観察力や気遣いを絶賛する。

しかし一方の内村はその手の関係性を極力作らず、それで公平性を保っているように見えるそうだ。

「その内村さんのことが、髙地くんには〝優しさに感動した〟〝思いやりが服を着て歩いている〟とまで見えたとすると、それは髙地くんの勘違いではなく、内村さんの変化。髙地くんだって、ダテに2009年から内村さんを見てきたわけではないですからね」（同制作スタッフ氏）

実は手越の謹慎を『イッテQ！』でネタにしていた内村だが、その反面、番組スタッフには――

『ウチの番組が煽りすぎた〝せい〟ではない？』

――と、番組名物〝手越テロップ〟がジャニーズ事務所上層部の怒りを増幅させた一因かも？……と考えているようだったという。

「まあ、VTRで手越くんをネタにするのも、ずいぶんエスカレートしていましたからね。おそらく内村さんはその責任もどこかで感じていたので、高地くんにそんな言い方をしたのでしょう」（同氏）

そう、決して高地が誤解したわけではなく、内村の後ろめたい気持ちが態度に出たのだろう。

『実はこの前、内村さんに――

「あの子はどうしてんの？ 元気にやってんのかな」

――って声をかけられて、
それが〝手越くんのことだ！〟って気づいた時、内村さんの優しさに感動しちゃったんです。

「直接連絡も出来ないしさ。

ジャニーズのメンバー見渡したら、あの子と連絡取れそうなのは高地くんしかいないから……」

――って寂しそうに呟いた後、

「もし機会があったら〝自棄にはなるな〟と伝えてもらえたら嬉しいな」

――とだけ言って、スーっといなくなったんです。

もうなんか、思いやりが服着て歩いてましたもん』

――しかし、この直後、高地は内村から重大な役割を託されたことに〝ようやく〟気づいたそうだ。

「〝手越くんに連絡を入れ、どんな毎日を過ごしているのかを確認し、さらに肝心のメッセージを伝える〟――それが内村さんから託された役割。さすがにすぐ『荷が重すぎるよ……』と、現場にいたマネージャーさんに頼み込んで、自分の代行をお願いしたとか」（同制作スタッフ氏）

ちなみに髙地はその時――

『後輩の自分から内村さんの伝言を聞かされると、
何か俺が手越くんの後釜に座るような……
そんな嫌な気持ちにさせたくないんです』

――と理由を告げてマネージャーに頼み込んだとか。

さすが気遣いの人、そのあたり内村も〝髙地の本質〟をちゃんとわかってくれているようだ。

リーダー髙地優吾の決意

『SixTONESはSixTONESにしか出来ない、
SixTONESらしい活動をしていかなきゃいけない。
みんなは当たり前だと思うかもしれないけど、
誰かの真似をしたくなるほど悩むこともある。
俺たち6人の人生、
俺たちにしか出来ないことをやり続けたほうが絶対に楽しいからね!』

デビュー曲は大ヒットを記録、2ndシングルも勢いを維持している
SixTONES。しかし決してファンを「満足させている」と胸を
張れない現状の下、リーダーとして自分に出来ることは何だろう。
葛藤の日々は続く――。

「高地くんは『まだコロナ以前のような活動は出来ませんが、そんな中でも2ndシングルが出てからがリーダーとしての踏ん張りどころ』――と、かなり気合いが入ってました。僕らも楽しみですが、そろそろ音楽界全体が〝ネタ枯れ〟気味なのが心配です」

日本テレビ『スクール革命！』合格当時から高地優吾の面倒を見てきたことをきっかけに、今ではよき相談相手になってくれている売れっ子放送作家氏は、番組の収録が再開してしばらく経った頃、高地から――

『アイドルがみんなオンラインでファンサービスをやってるの、どう思いますか？』

――と尋ねられたという。

「もともとは主に地下アイドルが〝SHOWROOM〟や〝17Live〟といった配信アプリで〝投げ銭〟と呼ばれる有料アイテム（プレゼント）をもらって収入にしていたところ、コロナでドッとメジャーアイドルが流れてきて〝Only Five〟などオンラインチェキの限定販売が始まり、頭に〝オンライン〟と付けば何でもアリになっていました（苦笑）。しかし今のアイドルを支えているのは握手会に参加する〝接触厨〟やライブ後に2Sチェキを買う〝物販厨〟で、オンライン人気も明らかに下火になってきた。そんな中、SKE48が〝オンラインのタブレット越しでしか会話出来ないけど、ファンとアイドルは6mしか離れていない〟という、コントのようなイベントを始めたのです。AKB48本体には追随する動きはありませんが、こうでもしないと、頭打ちのオンラインイベントの打開策が見つからないようですね」（売れっ子放送作家氏）

高地自身はオンライン系のイベントには積極的ではないというが、動画配信、YouTube更新の他には、すぐに発表出来る企画もないとのこと。

やはりスピード感を重視して、オンライン系のファンサービスに乗り出すべきなのか？

「『**自分が率先してアイデアを出し、メンバーの意識に火をつけなきゃいけない**』――と、高地くんは意を決しているようでした。ファンサービスがオンライン中心になっても『**やっぱりみんなは生身の俺たちに会いたいはず**』――と、彼の頭の中はファンのことで一杯ですから」（同放送作家氏）

それが「リーダーとしての踏ん張りどころ」というのであれば、ファンの皆さんにとっても心強い限りだろう。

『SixTONESはSixTONESにしか出来ない、
SixTONESらしい活動をしていかなきゃいけない。
きっとこれから先もSnow Manと比べられるだろうけど、
Snow Manと同じことは出来ないし、真似することもない。
みんなは当たり前だと思うかもしれないけど、誰かの真似をしたくなるほど悩むこともある。
俺たち6人の人生、
俺たちにしか出来ないことをやり続けたほうが絶対に楽しいからね!』

――高地はメンバーを代表して、そう決意を語った。
間もなくライバルのSnow Manは、年内公開予定の映画『滝沢歌舞伎ZERO 2020 The Movie』の撮影に入る。

「髙地くんは『張り合うつもりはないし、〝羨ましい〟とかの感情はない』――としながらも、その表情は確実にメラメラと闘争本能を燃やしていました。確かに〝SixTONESはSixTONES、Snow ManはSnow Man〟ですが、互いに意識し合わないと本当の意味での切磋琢磨には繋がりません。Snow Man、さらにはデビュー時期が近いところでKing & Prince。Jr.のツートップを張るHiHi Jetsに美 少年、西の帝王・なにわ男子。新型コロナが終息した後、ジャニーズの勢力図が従来の先輩たちとガラリと入れ替わる最大のチャンスと捉え、SixTONESには牽引役の期待をかけています。だってそうならないと面白くないでしょ?」（同放送作家氏）

時代を変えろ!

それが君たち新時代の覇者に課せられた使命なのだから――。

SixTONES

5th Chapter

森本慎太郎

Shintaro Morimoto

ジャニーさんが残してくれた〝最後のレッスン〟

『この在宅期間中にいろいろと考えたことがあって、
一つは何年も前にジャニーさんから――
「ユーは自ら〝嫌われ役〟を引き受ける覚悟を持ちなさい」
――と言われた意味を、
改めて真剣に考えていたんです』

幼い頃には実兄と2人の面倒を見てくれた、〝優しいお爺ちゃん〟のようなジャニー喜多川さん。お亡くなりになってから1年が過ぎ、改めて思い出すその〝教え〟。今ならばもう少し、ジャニーさんの期待に応えられたのではないか？――森本慎太郎の新たなる決意。

「森本くんにはジャニーさん直伝の〝2つの教え〟が心に刻まれているそうです。一つは踊っている最中に〝笑顔を忘れない〟こと。そしてもう一つが〝自分がグループの嫌われ役になる〟こと。前者はジャニーさんの教えというかアイドルなら当たり前の気もしますが、逆に後者は同じ目標に向かう仲間に〝なぜ嫌われなければならないのか?〟と、少し不思議な気持ちになりました」

現在、森本慎太郎とAぇ! group（関西ジャニーズJr.）・草間リチャード敬太が〝助っ人〟として参加している『ザ!鉄腕!DASH!!』（日本テレビ）DASH島コーナー。

その担当ディレクター氏は森本を、

「とにかくひたむきで粘り強い。自分から〝やめる〟と言い出さないし、野生児すぎてロケの加減が逆に難しい（笑）。でも何より、この先も一緒に仕事をしたい演者さん」

――と高く評価する。

「SixTONESでいえば、森本くんが『クールな外見とまったく違う、優しさの塊』――と絶賛する、松村北斗くんとも仕事をしてみたいですね。ウチの番組はサバイバルに近いロケを通し、担当メンバーの本性が剥き出しになるような、そんな番組。TOKIOのメンバーもそうだったように、過酷なロケを通してこそ人間味が溢れ出る。ギャップがありそうな松村くんは、まさに〝剥きがい〟のありそうなメンバーですから」（『ザ!鉄腕!DASH!!』DASH島コーナー担当ディレクター氏）

ＤＡＳＨ島ロケで意気投合したディレクター氏は、在宅期間中には何度か〝シンタロー〟とリモート飲み会を開いていたらしい。

「別に酒なんて飲まなくてもよかったんですが、少し酔わないとお互いに本音で話せないというか。でもお陰で森本くんの不器用で武骨な一面を知れて嬉しかったですね」（同ディレクター氏）

それはリモート飲みの最中、ディレクター氏がふと、

「ジャニーさんの一周忌（２０２０年７月９日）にはみんなで集まれるぐらい、コロナが収まっているといいね」

――と漏らしたセリフがきっかけだった。

「５月の半ばぐらいだったので、まだ先が見えない状況でした。森本くんは『ＳｉｘＴＯＮＥＳとＳｎｏｗ Ｍａｎが頑張っていることを報告したいですね』――と、しんみりした後、自らジャニーさんとの思い出を語ってくれたんです」（同氏）

この7月15日で23才になった森本は、およそ14年前の2006年10月、小学3年生の時にスカウトされてジャニーズ事務所に所属した。

まだ9才の自分を見つけてくれたジャニーさんは、本人いわく――

『人生を与えてくれた大恩人』

――と言っても過言ではない。

「そのジャニーさんには数え切れないほどの言葉をかけてもらったそうですが、中でも先ほどお話しした〝2つの教え〟が心に刻まれていて、特にその2つ目の教えが**『なぜか強烈に浮かんできて、改めて向き合ってみた』**――そうです」(同氏)

冒頭のセリフは、それを語っていたのだ――。

『この在宅期間中にいろいろと考えたことがあって、

一つは何年も前にジャニーさんから

「ユーは自ら〝嫌われ役〟を引き受ける覚悟を持ちなさい」

――と言われた意味を、改めて真剣に考えていたんです。

自分なりに「こうじゃないのかな?」……みたいな結論は出たので、

またみんなで活動をするようになった時、少しずつ試してみようと思ってます』

実は森本、これまでは――

『自分は(SixTONESの)最年少だから、

生意気なセリフを言っても、ある程度は許してもらえる。

そうやって〝かき回す〟というか、嫌われてもいいから自己主張をしていこう』

――と、ジャニーさんの言葉を理解していたというのだ。

「最年少メンバーだからこそ、〝生意気で嫌われても、お兄さんたちは許してくれる空気を自ら作った〟……僕にはそんな風に聞こえました。でもそれは『ジャニーさんが言った〝嫌われ役〟とは少し離れているのではないか？』――と、森本くんは葛藤しているようでした」（同ディレクター氏）

たとえば元SMAPの香取慎吾、TOKIOの長瀬智也、嵐の松本潤、関ジャニ∞の大倉忠義、KAT-TUNの亀梨和也――先輩たちの多くは、最年少メンバーがコンサート構成や演出を担当し、年長メンバーを引っ張った。

森本は――

『ジャニーさんが、いつか自分にもその役割を任せるために、物怖じせず、〝嫌われる覚悟で自己主張をするように〟

――そう教えてくれたのではないか』

――とも考えているようだ。

「ジャニーさんがお亡くなりになった以上、正解はわかりません。僕は『ユーは最年少だからってビビるなよ。嫌われてもいいから前に出なさい！　自分の意見を発しなさい！』――と、叱咤激励のつもりで仰ったような気がします」（同氏）

果たして正解は何か？

実は案外、正解を見つけるために必死で考えさせる、模索させるための〝訓練〟だったりしないか？

ジャニーさんが残してくれた、最後のレッスンとしての――。

〝ゴリマッチョ生徒〟で『ごくせん』に出たい！

『紫耀も俺も23才だけど、アイツは早生まれだから学年は1個上。
そんなアイツが〝コスプレ上等〟で学生服を着て『ごくせん』の生徒をやるなら、
俺にだってチャンスがあってもいいはず』

6月に入って再放送がオンエアされた『ごくせん』の第1シリーズ。松本潤、小栗旬、成宮寛貴、石垣佑磨、脇知弘らが務めた生徒側のメインキャストに、「新シリーズが制作されるなら絶対に出たい。いや出る！」――と一方的に立候補の森本慎太郎。ただ今23才、最速で制作されたとしても24才？　一歩間違えれば〝学ランコスプレ〟になりかねない？

「慎太郎からメールが来て『**情報教えてください！**』――ってあったんですけど、マジにまだ噂先行の状態。だいたい、コロナの先行きも不透明なのに、そんな勝負作の制作に入れると思います？」

森本慎太郎からのメール攻撃に「苦笑いしか出なかった」と言うのは、日本テレビ『部活、好きじゃなきゃダメですか？』元制作スタッフ氏だ。

「〝厨二病でサッカー漫画の影響受けまくり〟のサッカー部エースを演じた慎太郎には、現場で〝キンプリの3人を喰ってやれ！〟なんてけしかけてました（笑）。当時の慎太郎は後輩のJr.に抜かされ、先にデビューされてしまった。だからきっと〝鬱憤も溜まってるんじゃないかな？〟と想像してたんですよ。でも彼は『**どんな時でも前向きに〝主役を喰う〟気持ちはありますけど、鬱憤とかそういうのはないっス**』――と、完全に体育会系人間の性格。僕らスタッフもそれが気に入って、主役の3人（髙橋海人 岩橋玄樹 神宮寺勇太）よりも仲良くなってました」（『部活、好きじゃなきゃダメですか？』元制作スタッフ氏）

それ以来、森本とは仕事の相談や報告などでやり取りをしていた元スタッフ氏だが、それが6月の半ば、久しぶりに届いたメールが〝まったく想像もしていない〟驚愕の内容だったというではないか。

「松本潤くんが出演していた『ごくせん』第1シリーズの1話、2話を再放送した途端に大反響。急遽残りの10話の集中放送が決定したタイミングだったので、最初は慎太郎も〝懐かしいっス！〟とかいうメールだと思ったんです。でも、よくよく考えたらアイツの年令だと、2002年のドラマが懐かしいわけないいんですけどね（苦笑）」（同スタッフ氏）

1997年生まれの森本ゆえに、2002年はまだ小学校に上がる前。実家で『ごくせん』を見せてもらえるとは思えない。

果たして元スタッフ氏はどんな内容に驚愕したのだろう？

そのメールの内容というのが――

『『ごくせん』最新シリーズのオーディションはいつですか？

〝秋〟って噂を聞いてるんですけど。

……それより紫耀が生徒役の主役に決まった話は本当ですか？』

――などと並んでいたという。

「完全に飛ばしのネット記事を読んでメールして来たんですよ」

そう言って笑う元制作スタッフ氏。

さらには——

『乃木坂を卒業したまいやんがヤンクミ？

『麒麟がくる』の帰蝶役の川口春奈さんがヤンクミ？

どっちにしても紫耀がアリなら俺もアリでしょ！』

——と、やっぱりゴシップ記事を丸々信じているとしか思えないメールだったらしい。

『紫耀も俺も23才だけど、アイツは早生まれだから学年は1個上。
つまりジェシーとタメなんですよ。
そんなアイツが〝コスプレ上等〟で学生服を着て『ごくせん』の生徒をやるなら、
俺にだってチャンスがあってもいいはず。
〝秋にはオーディションがある〟って噂を聞いたし、
ゴリマッチョの生徒が一人いたら、乱闘シーンに幅が出ると思いません？』

――そう言う森本だが、確かに森本にしても平野にしても、仮に『ごくせん』じゃなくても、そろそろ学ランはしんどい年令かも(笑)。

果たして『ごくせん』新シリーズはスタートするのか？
そして、そこに〝ゴリマッチョの生徒〟はいるのだろうか？

森本慎太郎を奮い立たせた言葉

『いまだに誰の言葉かは知らないけど、あの時に――
「不可能の反対は〝可能〟じゃなく〝挑戦〟だ」
――ってセリフがあることを教えてもらって、
〝こんなに俺向きのポジティブな言葉はないな！〟って、
実は感動してたんです。
だって〝出来るからやる〟〝出来ないから諦める〟じゃなく、
「何事も挑戦することから始める」――ってことですもんね』

不可能、つまり〝出来ない〟からやめるのではなく、出来なくても〝挑戦する〟気持ちと行動力を失ってはならない。森本慎太郎は「自分の背中を押してくれるポジティブな言葉」として、心に刻んでいるという。

「外見は自称〝ゴリマッチョ〟の慎太郎くんですが、内面には天然と繊細が同居しています。天然だからといって誰もが天真爛漫、陽性のケロっとした性格ではなく、天然だからこそ純粋で傷つきやすい人はたくさんいる。小学3年生から芸能界の荒波で揉まれてきたから少しぐらい傷ついても平気だとか、そういう先入観で見ないであげて欲しいですね」

森本慎太郎についてこう語るのは、かつて『ガムシャラ！』を担当していたプロデューサー氏だ。

「『ガムシャラ！』時代にはバカレア組の頃と違い、デビュー待望論や噂も出ず、このままベテランJr.の道を真っしぐらかと思われていました。当然、メンバーの士気が下がるというか、〝あまりいい空気が漂っていないな〟……と感じる時期も多かった。特にムードメーカーの慎太郎くんが沈んでいると、それがメンバーや周囲に伝染していたんですよ」（『ガムシャラ！』担当プロデューサー氏）

そんな時、プロデューサー氏は森本をたわいもないバカ話に巻き込んだり、「こんなネタ、どう思う？」と次のチャレンジ企画を相談したりと、気持ちを上げることを優先していたという。

自分のことをそこまで気にかけてくれるスタッフがいたことを、森本は今も感謝しているに違いない。

「別に感謝されたかったわけじゃなく、慎太郎くんやSixTONESのメンバーが盛り上がらないと、番組が格段につまらなくなるから（苦笑）。僕らの仕事は面白い番組を作ることで、そのためには彼らの頑張りが必要不可欠。そのためなら何だって考えるし、やりますよ」（同プロデューサー氏）

しかし面白い番組になればS・i・x・T・O・N・E・Sの評価も上がるのだから、結果的には森本やメンバーをサポートするのと同じこと。

ジャニーズ事務所内のスタッフだけではなく、こうした外部のスタッフ、関係者を味方につけたからこそ、S・i・x・T・O・N・E・SはCDデビューの夢を叶えられたのだ。

さらに森本は、プロデューサー氏から教えられた〝ある言葉〟を、自分の背中を押してくれるポジティブな言葉として大切にしているそうだ。

『いまだに誰の言葉かは知らないけど、あの時に――

「不可能の反対は〝可能〟じゃなく〝挑戦〟だ」

――ってセリフがあることを教えてもらって、

〝こんなに俺向きのポジティブな言葉はないな！〟って、実は感動してたんです。

だって〝出来るからやる〟〝出来ないから諦める〟じゃなく、

「何事も挑戦することから始める」――ってことですもんね。

やる前から結果ばかり気にして、ビビってその場に立ち止まらないように。

デビューした今だからこそ、常に心掛けていたい言葉にしています』

当時を振り返って、そう語る森本。

その言葉を聞いたプロデューサー氏は照れくさそうに、

「嬉しいですね。でも僕も誰の言葉かは忘れました（笑）」

――と、振り返る。

「あるチャレンジ企画で、慎太郎くんは〝もう少し頑張れば成功しそう〟なのに、投げやりになってやる気を見せなかったことがあった。その時、どんなに励ましても動かなくなってしまったので、ふと思い出した言葉をぶつけてみたんですよ」（同プロデューサー氏）

〝不可能と可能の差がどこにあると思う？〟と、森本に問いかけたプロデューサー氏。

『出来ないものは何度やっても出来ない』

――と返す森本に、「そうじゃないだろ」と諭したという。

「君は〝出来ない〟〝不可能〟だと諦めて、出来ることしかしようとしない。でも出来る出来ないじゃない、それでも挑戦するかどうかが一番大切なんだよ。不可能の反対は〝可能〟じゃなく〝挑戦〟。それを自分のポリシーにすれば、〝出来ないから諦める〟なんて気持ちは湧いてこない」

――そう森本に語りかけたプロデューサー氏。

するとと森本は黙って立ち上がると、黙々と練習を続けたという。

「あの時の言葉が今も彼の中で生きているとしたら、この先、たとえどんなことがあろうと心配ありませんね」（同氏）

苦しい時、行き詰った時、この先森本慎太郎に何があろうと、その言葉が彼の心に刻まれている限り、森本は、そしてSixTONESは大丈夫だ。

森本慎太郎が評する田中樹の〝ご奉仕の精神〟

『俺のボキャブラリー不足で申し訳ないけど、
樹はいつもSixTONESをまとめながら、
オイシイところも俺たちに振ってくれるナイチンゲールみたいな人。
普通はまとめ役がビシッと締めるのに、そういう役を自分以外に回す。
〝ご奉仕の精神〟に溢れてるタイプだね』

田中樹の〝自分が前に出るよりも周囲のメンバーを立てる〟性格を、自分流の言葉で表現する森本慎太郎。そして「本当なら自分がもっとオイシくなれるのに」と、田中の性格を誰よりも評価するのも森本だ。

「〝樹くんは自分よりも他人《ひと》を幸せにすることに満足感を覚えるタイプ。他人の喜ぶ顔や笑顔を見たい人なんじゃないかな?〟と言うと、慎太郎くんは興奮して『**そうそう! その通り!! よくわかりますね**』——と立ち上がりました。よくわかったというか、彼の話を聞けば誰でもそう思うでしょうけど(笑)」

NHK BSP『ザ少年倶楽部』現場スタッフ氏は、今年に入ってすぐの収録の際、森本慎太郎に「デビューのお祝いと、〝いつか『紅白歌合戦』に本出場で戻ってきて欲しい〟と声をかけました」というほど、森本とは親しい関係だと語る。

「別に連絡先を交換したりとか、そういう間柄ではありません。しかし現場で顔を合わせると必ず近況を報告してくれて、お互いに馬が合うことは少し喋ればわかります」(『ザ少年倶楽部』現場スタッフ氏)

そんな森本がふいに——

『**今、本当に上手くグループが回っているんですよね**』

——と、いかにも「話を聞いて欲しい」風に呟いたそうだ。

「これは慎太郎くんに限らず、メンバー同士の人間関係が上手くいっているグループほど、饒舌に話しかけてくれるメンバーが多いんです。反対に急に無口になったりとか、グループ内で問題が起こると、それもわかりやすい反応をする。最近（※2020年1月時点）でいうとNEWSの雰囲気は去年から悪かった。手越くんは記者会見で『メンバーの仲はいい』と言ってましたが、現場の反応はまったく別の印象です」（同現場スタッフ氏）

森本は現場スタッフ氏に――

『樹の凄さを改めて感じてる。
アイツは本当に〝メンバー第一〟なんですよ』

――と、田中樹とのエピソードを明かしてくれたそうだ。

「具体的な現場の話は出来ませんが、とある番組で樹くんがディレクター、作家と打ち合わせをしている所に出くわすと、樹くんが『この話は高地をイジられ役に』『ジェシーには別のネタがありますよ』『慎太郎は自由に遊ばせないと天然の良さが出ないんです』──などと、いかにも楽しそうに説明していたそうです。それを見て慎太郎くんは、逆に『コイツはもっと自分のことを考えてもいいのでは?』……と申し訳ない気持ちになったとか」(同氏)

それを聞いて現場スタッフ氏は──

「樹くんは自分よりも他人を幸せにすることに満足感を覚えるタイプ。他人の喜ぶ顔や笑顔を見たい人なんじゃないかな?」

──と答えたそうだが、同時に、

「その献身ぶりを慎太郎くんたちメンバーが理解しているのが素晴らしい」

──と、優しく和やかな気持ちになったそうだ。

『俺のボキャブラリー不足で申し訳ないけど、
樹はいつもSixTONESをまとめながら、
オイシイところも俺たちに振ってくれるナイチンゲールみたいな人。
ナイチンゲールの詳細はまた今度にして（笑）、
つまり俺たちの面倒を見つつ、前にも出してくれる。
普通はまとめ役がビシッと締めるのに、そういう役を自分以外に回す。
〝ご奉仕の精神〟に溢れてるタイプだね』

――田中樹について、そう語った森本。

ちなみに不粋を承知で言わせて頂くと、ナイチンゲールは〝近代看護教育の母〟と呼ばれる偉人で、看護婦、社会起業家、統計学者、看護教育学者など非凡な才能を発揮し、毎年5月12日は彼女の誕生日にちなんで〝国際看護師の日〟に制定されているほど。

ものすごく大きな括りで言えば、「メンバーの面倒を見て心の傷を癒してくれる」「前に出る勇気を与えてくれる」「そんな奉仕の精神に溢れている」という意味ならば、田中樹を「ナイチンゲールみたいな人」と言ってもいいのかも。

『樹の凄さを改めて感じてる。

アイツは本当に〝メンバー第一〟なんですよ』

森本慎太郎が〝ご奉仕の精神に溢れてる〟と評する田中樹。

彼の存在がSixTONESにとってどれほど重要か、そしてメンバーが彼をどれだけ心の拠り所としているのか――。

森本の言葉から、それがわかるだろう。

森本慎太郎がこだわる〝失敗と成功〟

『たとえば100回の失敗と100回の成功を経験した人間は、
10回の失敗と10回の成功を経験した人間よりも、
きっと魅力があると思うんですよ。
同じように〝プラマイ0〟なら、より多くの経験をした人は、
それだけチャレンジした回数も多いってことですもんね』

同じ〝プラスマイナス0〟の人生ならば、より多くの経験をしたほうが楽しい。そしてより多くの経験が自分にもたらせてくれるのは何か？　それは森本慎太郎を形成する人間的な〝魅力〟に他ならない。

森本慎太郎とは日本テレビ『THE！鉄腕！DASH!!』DASH島ロケで「話してみたら実家が近かった」という理由で頻繁に会話を交わすようになった現場スタッフ氏は、

「皆さんがテレビで想像されているより、DASH島は10倍手間がかかる。ロケの合間、日によっては1時間、2時間待ちになる」

――と、ロケの裏事情を話してくれた。

そして、その待ち時間を利用して、現場スタッフ氏は森本と、お互いに結構深い所まで腹を割って話していたそうだ。

「それこそファンの皆さんが耳を塞ぎたくなるような、〝理想のタイプの女性像〟とか。でも安心してください。慎太郎くんの理想の女性、ほぼ恋愛マンガや恋愛小説にしか出てきませんから（笑）」

（『THE！鉄腕！DASH!!』現場スタッフ氏）

そんな会話の中で森本が現場スタッフ氏に明かしたのが――

『失敗する確率のほうが高そうな、ほぼ周囲から止められるであろう無謀なチャレンジでも、
それがケガをしたり体を傷つけたりするような、そういう無茶なチャレンジでない限り、
俺はビビらずにチャレンジすることに決めている』

――という自分なりのポリシーだった。
もちろんこれは基本的には〝ピンの仕事〟についてだ。
森本は――

『今の自分は〝仕事を選ぶ〟ような、そんな偉そうな立場ではない。
頂いた仕事を正面から全力で臨むことしか出来ない。
そんな自分が頭の中で理屈をこねくりまわしたり、
やる前から（失敗した時の）言い訳を用意するのはカッコ悪い。
失敗しても、それがすべて経験となり、〝次の成功に繋がる〟と信じて前に進めば、
失敗の数と同じだけの成功が得られる』

――と、頑なに信じているのだ。

「もちろん慎太郎くんの言いたいことはわかっていましたが、どこか失敗することを楽しんでいるかのように聞こえたので、ちょっと意地悪くツッコんでしまいました（苦笑）」（同現場スタッフ氏）

すると森本は、現場スタッフ氏のやや意地悪なツッコみに対して、こう返してきた——。

『たとえば100回の失敗と100回の成功を経験した人間は、10回の失敗と10回の成功を経験した人間よりも、きっと魅力があると思うんですよ。

同じように〝プラマイ0〟なら、より多くの経験をした人は、それだけチャレンジした回数も多いってことですもんね。

まあ、さすがにリアルで100回も失敗したら、100回成功する前に心が折れるかもしれないけど（笑）』

実は森本慎太郎が〝失敗と経験〟にこだわっているのは——

『自分自身が芝居をするのは好きだけど、自分はジャニーズの〝子役部門〟みたいなもの。

でもいつまでやっても100％納得する芝居は出来ないのに、出演実績だけは増えていく。

そのアンバランスさに心が疲れたことが正直あった。

芝居から逃げ出したい時もあった』

――という、大きな悩みを抱えていたからだった。

「それを聞いた時、〝慎太郎くんは本当は100回以上の失敗を経験したんだろう〟と感じました。一つ一つカウントしたわけじゃないけど、あの言葉は自分を表現していたんだな――と」（同現場スタッフ氏）

慌てることも焦る必要もない。

これまでの経験が森本慎太郎の魅力として花開く日は、もうそこまでやって来ているに違いないのだから――。

SixTONES

×6

SixTONES

6th Chapter

田中樹

Juri Tanaka

〝京本会〟に対抗！ 〝渡辺会〟誕生

『大我に負けじと〝渡辺会〟を作りました。
やっぱ今、グループの垣根を越えた〝○○会〟が流行ってますからね。
とりあえず時流には乗るタイプなんで』

プライベートでも仲が良いSnow Man渡辺翔太を囲む「渡辺会を作りたい」と語る田中樹。しかし渡辺自身の人望や求心力とはまったくカンケーなく、「昔のSnow Manは常に後輩を威嚇していた」ことから、Snow Manメンバーを囲む会には人が集まらない……のだとか。

「SixTONESとSnow Manは滝沢秀明ジャニーズ事務所副社長の戦略か、常に対比させるような売り方をしています。それぞれのメンバー同士の関係も〝デビュー後からずいぶんと変わってきた〟と言われている中、以前と変わらない田中樹くんと渡辺翔太くんの交流は、きっとファンの皆さんを安心させてくれると思います」

NHK BSP『ザ少年倶楽部』を長年担当する現場スタッフ氏は、

「実際にSnow Manが他のグループ、特にSixTONESを寄せつけなかったのは事実だった」

――と明かしてくれた。

「Snow Manのルーツは、皆さんご存じ8人からスタートしたMis Snow Man。数年後に2人が抜けて6人になる彼らは、抜けたツートップ2人のバックダンサー的な扱いを周囲のスタッフや関係者から受けることも多く、どうしても内に籠りがちな、メンバー同士で固まりがちなグループになってしまったんです」（『ザ少年倶楽部』現場スタッフ氏）

MisSnow ManからSnow Manになったその年、現れたのがドラマ『私立バカレア高校』にレギュラー出演した通称〝バカレア組〟の6人だった。

6人には今にもデビューしそうな勢いがあり、正式なグループではなくても、当時のジャニーズJr.ではトップの人気を誇っていた。

「しかもその『私立バカレア高校』の劇場版映画に、敵役といえば聞こえがいいものの、要するに〝ボコボコにされる引き立て役〟でSnow Manの出演が決まった。今では笑い話とはいえ、当時の岩本照くんや深澤辰哉くん、意外にも佐久間大介くんあたりは、バカレア組のメンバーにいつもガンを飛ばしていたと聞いています(苦笑)」(同現場スタッフ氏)

そんな時でも――

『みんなの前では強面だったけど、2人の時は優しいダチ』

――と田中が言うのが、渡辺翔太だ。

「渡辺くんが田中聖くんに可愛がってもらい、『弟をよろしく!』と頼られていた関係もあったようで、『グループとしてのSnow Manと個人としての渡辺翔太は別』――と、田中くん本人にも伝えていたそうです」(同氏)

同世代の男子や女子が集められると、当然のように激しい競争心理が働く。

中でもジャニーズJr.は、入る前からその覚悟がなければ続かない。

しかしダンスのテクニックは大人はだしでも、精神的にはまだまだ未成年だったのだろう。

当時のエピソードはメンバーの間でも笑い話になっているようだし、お互いに微妙な黒歴史にはケリをつけるとしようか。

『大我に負けじと〝渡辺会〟を作りました。
やっぱ今、グループの垣根を越えた〝○○会〟が流行ってますからね。
とりあえず時流には乗るタイプなんで。
〝京本会〟の中心はTravis Japanだし、
渡辺会には宇宙Sixや7 MEN侍、HiHi Jetsって、
活きの良いメンバーをじゃんじゃん勧誘したいんですけど、
昔のSnow Manがあまりにも怖かったせいで、入会を希望するJr.が皆無なのが問題。
今のところ会長の翔太と副会長の俺で回してるので、
近いうちに京本会に吸収されそうです（笑）』

――冗談交じりにそう明かす田中樹。

ちなみに京本会に吸収された場合は――

『もちろん俺たちが一番下っ端。
宮近パイセンや七五三掛パイセンの言うことはちゃんと聞きます！』

――と言うが、果たして本当だろうか（笑）。

さて、ただいま会員若干2名の〝渡辺会〟の行方やいかに……!?

〝掟破りのJr.狙い〟の先にある思惑

『俺には絶対に心に決めているルールがあって、
それは相手の弱点を狙ったり、圧倒的に有利な状況で相手を追い込んだり、
要するに「男として恥ずかしいことだけは、絶対にしない」――ってことなんです。
それがたとえば、
これまでに5勝100敗ぐらいのコテンパンにやられてる相手でも、
弱味につけ込んでまで勝ちたくない』

何のことかと思いきや、実はオンラインゲームに強い後輩たちをコテンパンにやっつけ、舎弟にしようと企んでいるらしい田中樹。残念ながら返り討ちに遭いまくりとのことだが、それでも「関係性が濃くなれば同じこと」と、どうやらその先に特別な思惑があることを匂わす。中でも一番の狙いが、美少年の浮所飛貴だ。

「浮所くんの直感というか本能のようなもので〝樹くんにゲームで負けたら大変なことになるかも……〟と、見抜かれているんじゃないですかね。田中くんは『たまには先輩に花を持たせろよ～』なんて、バレバレの猫なで声を出していますが、浮所くんは楽屋でゲームに誘われても、明らかに〝(先輩だから仕方ないけど)〟……な顔をしていますから」

なぜか現在ジャニーズJr.の〝美 少年〟で活躍する浮所飛貴をゲームに誘いまくり、特別に仲良くなろうと関係作りに励んでいるという田中。

その理由は一体何だろう。

「浮所くんは昨年から、同じ美 少年の那須雄登くんとコンビでバラエティやクイズ番組に出演し、注目のイケメンJr.としてオファーが殺到しつつありました。残念ながらコロナ騒動でその勢いに水を差されたものの、2人以外にも佐藤龍我くん、岩﨑大昇くん、金指一世くん、藤井直樹くんの6人グループは、ジャニーさんが付けたグループ名通りの美少年揃いです」

話してくれているのは、NHK BSP『ザ少年倶楽部』制作スタッフ氏だ。

「田中くんのJr.時代、すでに美 少年はSixTONESのすぐ後ろまでポジションを上げて、逆に声をかけ難かったようです。それでも浮所くんが〝手越くんが一番可愛がっているJr.〟だということと、美 少年が〝嵐に最も近いJr.〟だということ。この2つのポイントで田中くんは浮所くんに狙いをつけたようですね」（『ザ少年倶楽部』制作スタッフ氏）

SixTONESのMCや進行役、さらにはステージでは〝ラップ担当〟として存在感を放つ田中だが、彼自身が理想とする〝最高の高み〟に登るためには――

『何としても、もっと先輩方と仲良くなってスキルを学びたい』

――そのことが必要だと願っているそうだ。

「MCはウチの番組を回す河合郁人くん、桐山照史くんのトークをメモしながら勉強していますが、失礼ながら〝2人からは学べないもの〟を習得するため、『**どうしても嵐さんと手越くんに近づきたい**』――と話していました」（同制作スタッフ氏）

手越からは〝バラエティ術〟を。

嵐からは「ありすぎて困るので一つに絞れない」とのことだが、そのきっかけとして「自分も浮所を可愛がっています！」をセールスポイントにしてお近づきになろうという作戦らしい。

「別に嵐も手越くんも自分で近づいていけばいいだけなのに、どうしてまずは浮所くんと仲良くならなければならないのか？……実はそこに、さらなる目論見があるようです」（同氏）

田中が〝最も学びたい〟こと、それは松本潤の演出だったのだ。

「演出家としての松本くんは一層ストイックでなかなか近寄り難い。でもそんな松本くんが過去にイベントを演出し、さらに『**彼らは面白い。予想以上だった**』――と認める美 少年と親しい関係が築ければ、田中くんが美 少年のリハーサルに顔を出しても松本くんに追い払われないだろうと。そんな策略を練っているみたいですよ（笑）」（同氏）

〝将を射るためにはまず馬から〟……といったところだろうか。

それにしても田中、以前こんなポリシーを語っていたことがあるのだが……

『俺には絶対に心に決めているルールがあって、
それは相手の弱点を狙ったり、圧倒的に有利な状況で相手を追い込んだり、
要するに「男として恥ずかしいことだけは、絶対にしない」――ってことなんです。
それがたとえば、これまでに5勝100敗ぐらいのコテンパンにやられてる相手でも、
弱味につけ込んでまで勝ちたくない。
こんなに男らしい俺に、たまには勝ちを譲ってくれよ（笑）』

オンラインゲームで負け続けている浮所相手に、そう言う田中だが、ある意味、後輩たちの〝弱み〟につけ込んで先輩に食い込もうとしてないか?

……という疑問はさておいて、田中樹が後輩たちと関係を築き、先輩たちから良い面を学べるのであれば、それもまた良しということで。

田中樹に〝ポジティブな勇気〟を与えた言葉

『ある先輩にこんなことを言われたんです。
「〝失敗する、諦めよう〟とわかっていて進んだなら、それは失敗じゃない。
お前は〝上手くいかないやり方〟を学べた。大成功じゃん」――って』

これを〝単なる屁理屈〟と受け止めるか、あるいは〝ポジティブな失敗〟と受け止めるか、それは各々の自由。

ただし得てして運命の神様は次のチャンスを、〝ポジティブな失敗〟とする者に与えるのだ。田中樹のような――。

「意外と言ったら失礼ですけど、田中くんにそう言ってアドバイスしたのは、Hey!Say!JUMPの髙木雄也くんだそうです。『私立バカレア高校』で共演して以来の仲よしで、今でもよく深夜ドライブに誘われているようですね」

かつてテレビ朝日の特番『調べるJ』を担当し、それ以来、妙に馬が合ってプライベートでも食事をする関係の人気放送作家氏は、昨年の東京ドームコンサートの後、田中樹にデビュー祝いの高級ステーキを振る舞ったという。

「あの『大門未知子』のロケでも使われている、銀座のステーキ店です。目の前が鉄板で、その上で専任のシェフが焼いてくれる。お祝いだったので、シャトーブリアンを味わってもらいました」（人気放送作家氏）

シャトーブリアンとは牛のヒレ肉の中心（部位）にあたり、脂肪が少なく肉質に優れた最高級ステーキのもとになる肉のこと。牛の大きさにもよるが、多くても4キロ程度、少ない時は500～600グラムしか取れないので、その店でも100グラム2万円前後で出されているとか。

「お祝いですからね。ペロッと300グラム食べられてしまいましたけど（笑）」（同放送作家氏）

それだけの高級肉を味わったせいか、田中は饒舌に——

『やっとここまで来ました』

——と、Jr.時代を振り返り始めたという。

「いろいろなエピソードを明かしてくれた中で、僕が気になったのが、彼が**『髙木くんから大きな影響を受けていた』**——と語り出したことです。先輩としては山下智久くんや元KAT-TUNの赤西くんに**『若い頃は単純に憧れていた』**そうですが、髙木くんは**『夜の海に行くとやたらとイケメンになるし、すげえいいアドバイスもたくさんもらった』**——と言うので。ちょっと気になりませんか?」(同氏)

確かに気になる。

「季節によって違うそうですが、2人とも寒い冬場ほど〝海を見たくなる〟らしく、その時は千葉の〝外房のビーチ〟までドライブしていたといいます。その車中で田中くんが**『どうするのがベストなんですかね……』**と相談してみると、髙木くんはとあるビーチ沿いに車を停め、**『ちょっと歩くか』**とドアを開けて外に出る。後を追う田中くんと波打ち際まで来たところで、その相談の答えを話し始めたそうです」(同氏)

まるで「ドラマのワンシーンかよ!」とツッコミたくなるが(苦笑)、高木は一体どんなアドバイスをしてくれただろう。

『本当は内心「(失敗する。諦めよう)」とわかっていても、
意地になって突っ走ることってあるじゃないですか?
だいたい、思った通りに失敗するんですけど(笑)。
そんな自分が嫌で、何とか踏みとどまる方法を探していた時、
ある先輩にこんなことを言われたんです。
「〝失敗する、諦めよう〟とわかっていて進んだなら、それは失敗じゃない。
お前は〝上手くいかないやり方〟を学べた。大成功じゃん」――って。
惚れましたね、一瞬で(笑)』

波打ち際でカッコをつけながら、田中樹に向かって――

『〝失敗する、諦めよう〟とわかっていて進んだなら、それは失敗じゃない。お前は〝上手くいかないやり方〟を学べた。大成功じゃん』

――とキメた髙木雄也。

それを受け――

『胸がキュンキュンした』

――と言う田中樹。

まさにドラマのワンシーンではないか。

「シチュエーションはさておき、髙木くんは結構いいコトを言ってますよね。お陰で田中くんの悩みが吹き飛んだのも事実」（同放送作家氏）

カッコつけたのかどうかはこの際さておき、髙木雄也のアドバイスは、田中樹に〝ポジティブな勇気〟を与えてくれたことだけは間違いない。

田中樹とメンバー間に築かれた〝絶対的な信頼関係〟

『これ言っちゃうと名誉毀損で訴えられちゃうかもしれないけど、
ウチのゴリマッチョって、見かけと違って中身は〝女子〟なんだよね。
でも女子は女子でも女子力系の女子ではなく、
何でもかんでも気にしちゃう〝ネガティブ系の女子〟そのもの』

初の冠番組『SixTONESのオールナイトニッポンサタデースペシャル』(ニッポン放送)スタートに際して、田中樹が森本慎太郎を評して番組スタッフに言ったのは〝ネガティブ系女子〟。しかしその言葉の裏には田中の〝メンバー愛〟が隠れていた。

「確かに慎太郎くんは考え込む性格ではありますけど、〝繊細で傷つきやすいタイプ〟だと思っています。まあそんなことを言う樹くんも、似たり寄ったりですけどね（笑）」

この4月からコロナ禍に負けじとスタートした、ニッポン放送『SixTONESのオールナイトニッポンサタデースペシャル』。

SixTONESにとってはラジオ、テレビ通して初の冠番組で、田中樹は――

『冠番組だけに〝かんむりょう（感無量）〟』

――などとおどけていたが、

「実は、先輩の大倉忠義くんの枠を引き継いだ責任と緊張で、初回の打ち合わせの時から顔が真っ青。その程度のダジャレしか出なかった」

――と言うのは、番組立ち上げに関わったスタッフ氏だ。

「S・i・x・T・O・N・E・Sがパーソナリティに選ばれたのは、昨年の8月1日深夜にオンエアされた『S・i・x・T・O・N・E・Sのオールナイトニッポン（※単発番組）』の反響が決め手でした。オンエア日だけで17万件を超えるツイートが集まり、それがまだデビューを発表する1週間前のことですから〝デビューしたらどうなるんだろう？〟と。実際に初回放送終了後にはツイート数が50万件になり、制作部では歓声が上がったほどです」（スタッフ氏）

ちなみに大倉がアーティストの高橋優と担当していた『オールナイトニッポンサタデースペシャル大倉くんと高橋くん』の前は、伝説の『福山雅治のオールナイトニッポンサタデースペシャル魂のラジオ』が15年間も放送されていた枠でもある。

それを聞かされた田中は――

『ちょ、ちょっとトイレ……』

――と、さらに緊張感がマックスになったようだ。

「SixTONESのメンバーは全員、真っ直ぐで〝いいヤツ〟です。失礼ながら、Jr.歴が長いと〝ひねくれてる〟というか〝扱い難い〟面があるのかと思いきや、全員が素直でわかりやすい。また樹くんと慎太郎くん含めて繊細な感性を持ち合わせているので、大人の〝都合の良い〟〝その場しのぎ〟の嘘だけはついちゃいけないと感じました」（同スタッフ氏）

そう言ってSixTONESメンバーを分析するスタッフ氏。

「進行やまとめ役は樹くんが担当しているので、打ち合わせの大半は彼と済ませます。今はリモート出演なので、逆に他のメンバーとは詳しい打ち合わせをしないほうが、面白いリアクションを取れることが多い。ジェシーくんはその典型ですね」（同氏）

そんな田中にメンバーのキャラクターを尋ねたところ、森本について返ってきたのがこのセリフだ――。

『これ言っちゃうと名誉毀損で訴えられちゃうかもしれないけど、
ウチのゴリマッチョって、見かけと違って中身は〝女子〟なんだよね。
でも女子は女子でも女子力系の女子ではなく、
何でもかんでも気にしちゃう〝ネガティブ系の女子〟そのもの。
だからアイツには中身がゴリゴリ体育会系の〝武闘派女子〟が似合うんじゃないかな。
しかも外見がおしとやかだったら、なおさら面白いよね！』

言われた本人にぶつけてみると――

『外見がおしとやかだったら、中身もおしとやかでいいじゃん。絶対にそのほうが！』

――と反論するが、そんな軽口を叩き合えるのも、田中樹と森本慎太郎の間に絶対的な信頼関係が築かれているから。

ある意味では「慎太郎はこんなヤツだから、上手くイジってオイシくしてやってください！」というプロモーションのようなものか。

田中は番組スタートにあたり――

『自分たちがやらせて頂く以上、目標はでっかく持ちたい。
『大倉くんと高橋くん』はもちろんのこと、
福山さんの『魂のラジオ』を超えられるような、
そんな人気と長寿番組を目指します!』

――と、力強く宣言してくれたという。
そしてその時はもう、田中の顔から〝怯え〟の色は消えていたそうだ――。

田中樹を導いた〝ある先輩〟の厳しい助言

『まだ全然注目してもらえなかったJr.時代に、
ある先輩に「毎日同じことしかやらせてもらえない」って、
不満をぶつけたことがあったんです。
そうしたら――
「毎日やらされてるなら、
お前にはそれがまだ満足に出来てないってことだろ？
そんな簡単なことが出来なくて、誰がお前に注目するんだ」――と、
ガチに怒られたことがあったんです』

不満を口にする者は、ほとんどが不満の原因から逃げ出したいだけだろう。田中樹に素晴らしい言葉をかけてくれた先輩がいたからこそ、彼は今ここにいる。

「この言葉は言うほうも勇気がいる言葉ですよね。樹くんはちゃんと真っ直ぐに受け止めましたが、すでに自棄になっているJr.だと、ジャニーさんよりもむしろ日頃から近くにいる先輩に怒られたほうが、ビビって退所しかねませんからね。中学生Jr.なら尚更です」

SixTONESのデビューが発表された後、田中樹とプライベートで交流がある音楽プロデューサー氏は、個人的にお祝いの席を設けて田中を食事に誘ったという。

するとその席で――

『今思えば俺の転機は、あの時かも』

――と、田中からある昔話を打ち明けられたそうだ。

「以前から**『これまでにJr.を辞めたくなったことは数え切れないぐらいある』**――と冗談めかして笑う樹くんですが、実は最初に辞めようと決めた時が〝一番本気だった〟そうです。その時、可愛がってくれた先輩に泣き言を溢すと、予想外のリアクションが返ってきた。彼は『**てっきり俺の味方になってくれると思ったら、完全に敵に回ってんだもん（苦笑）**』――と、厳しいお小言をもらった経験を告白したのです」（音楽プロデューサー氏）

当時はJr.歴も短く、育成のシステムや目的についても「わかっているようでわかっていなかったんじゃないかな」という田中。

そんな彼を年上の先輩は容赦なく叱責したというから、さすが体育会系のジャニーズ事務所だ。

『まだ全然注目してもらえなかったJr.時代に、

ある先輩に「毎日同じことしかやらせてもらえない」って、

不満をぶつけたことがあったんです。

そうしたら——

「毎日やらされてるなら、お前にはそれがまだ満足に出来てないってことだろ？

そんな簡単なことが出来なくて、誰がお前に注目するんだ」——と、

ガチに怒られたことがあったんです。

精神的にめちゃめちゃ子供の俺でも、その言葉の意味は理解出来ました』

——当時を思い出すように語った田中。

ここで気になるのは、田中樹にこの言葉をかけてくれた〝先輩〟が誰かということだ。

音楽プロデューサー氏が「実は誰なの!?」と聞くと、田中は照れくさそうに――

『聖です。兄の』

――と、明かしてくれたという。

「樹くんは〝まったく注目されてなかった頃〟と言いますが、2008年に中学1年でJr.入りした樹くんは、やはりお兄さんの存在もあって早くから注目されていた。しかしそれが彼を少し天狗にさせてしまったのか、中学2年になるとガタッと出番が減ってしまったそうです。おそらくはその頃、KAT-TUNのメンバーとして活躍中だった聖くんは、兄弟だからこその厳しい言葉をかけてくれたのだと思います」（同音楽プロデューサー氏）

ちなみに田中樹が中学2年生の2009年といえば、KAT-TUNが史上最多の8日連続公演を含む東京ドーム10公演、京セラドーム3公演をわずか1ヶ月間の期間で行うなど、まさに最盛期と言っても過言ではない人気の絶頂にあった頃。

いくら「KAT-TUNでは赤西くんのファン」と言う田中樹でも、それだけの実績を引っ提げたグループに所属する兄の言葉は重く、素直に聞き入れるに違いない。

「あの時の言葉のお陰で樹くんの今がある。もっとも兄の聖くんのほうは、『俺そんなこと言ったっけ?』……と忘れているようですから、いかにも〝ザ田中兄弟〟らしいといえば、それらしいエピソードです(笑)」(同氏)

たとえ兄のほうが忘れていようがいまいが、弟を正しい道に導いたのは、あの時の兄の言葉。

その事実と兄弟の絆は、永遠に変わることはないのだ——。

エピローグ ～6つの個性が作る新たな時代～

プロローグで触れた〝Billboard JAPAN〟6月10日付の累積売上げ枚数。

『D.D.』97万260枚、『Imitation Rain』90万17枚、その差7万243枚――。

発売から20週経ってのこの差を「決定的な差」と言う業界関係者は多い。

「たとえばその6月10日付ランキングの週間売上げを見ると、Snow Manバージョンが5,999枚、SixTONESバージョンが1,905枚と、4,094枚の差がついています。チャートもSnow Manが3位で、SixTONESが11位。週間売上げが逆ならSixTONESの逆転も夢ではありませんが、差を広げられた状態で7月22日には2ndシングルを発売する。あくまでもデビュー曲に関しては、もう勝敗が決したと言ってもいいでしょう」（TBSプロデューサー）

そもそもBillboard JAPANでの初週売上げはSixTONESが77万6,836枚、Snow Manが75万2,236枚と、SixTONESが2万4,600枚もリードしていたのだ。

それが20週後には逆に7万243枚リードされているのだから、発売2週以降で9万4,843枚もSnow Manの売上げが多かったということになる。

「しかしSixTONESもSnow Manも、この結果に一喜一憂している様子はなく、お互いに〝たまたま〟程度に受け止めています。Jr.時代からお互いに切磋琢磨した仲ですし、SixTONESのメンバーには〝Snow Manは先輩〟の意識も強い。こういうと負け惜しみのように聞こえるかもしれませんが、むしろ先輩を上回らなくてホッとしているのでは」（同TBSプロデューサー）

そう、SixTONESにとってSnow Manは〝倒すべき相手〟ではなく、共に頂点を目指す〝同志〟なのだ。

「デビュー曲のリリース直後に新型コロナウイルス騒動が広がり、ファンの皆さんはイベントやコンサートの中止でショックも大きかったでしょうが、何よりも悔しかったのは本人たちのはず。つい先日、高地くんに会った時には『今年はどこまで出来るかわからないけど、メンバーでいろいろアイデアをストックして準備しています』――と笑顔で話していました。SixTONESとSnow Man、それにKing & Prince、Sexy Zoneを含めた同世代グループの〝嵐の後継者争い〟が、新時代のジャニーズ事務所の中核になるでしょうね」（同氏）

嵐が去った後、そこには〝6つの個性〟が転がっていた――。

そう胸を張れる時代は、もうそこまで来ているのだから。

SixTONES
×6

〔著者プロフィール〕
あぶみ瞬（あぶみ・しゅん）

長年、有名アイドル誌の専属ライターを務めた後、地下アイドルのプロデューサーとしても実績を残す。同時にアイドルのみならず、クールジャパン系の情報発信、評論家としての活動を始める。本書では、彼の持つネットワークを通して、SixTONESと交流のある現場スタッフを中心に取材を敢行。メンバーが語った「言葉」と、周辺スタッフから見た彼らの"素顔"を紹介している。

主な著書に『SixTONES × Snow Man ― go for the TOP! ―』『Snow Man vs SixTONES ―俺たちの未来へ―』『Snow Man ―俺たちの歩むべき道―』（太陽出版）がある。

SixTONES ×6
―俺たちの音色―

2020年7月22日　第1刷発行

著　者…………… あぶみ瞬
発行者…………… 籠宮啓輔
発行所…………… 太陽出版
東京都文京区本郷4－1－14　〒113-0033
電話03-3814-0471／FAX03-3814-2366
http://www.taiyoshuppan.net/

デザイン・装丁… 宮島和幸（ケイエム・ファクトリー）
印刷・製本……… 株式会社シナノパブリッシングプレス

ISBN978-4-86723-004-6

◆ 既刊紹介 ◆

嵐　ARASHI
未来への希望

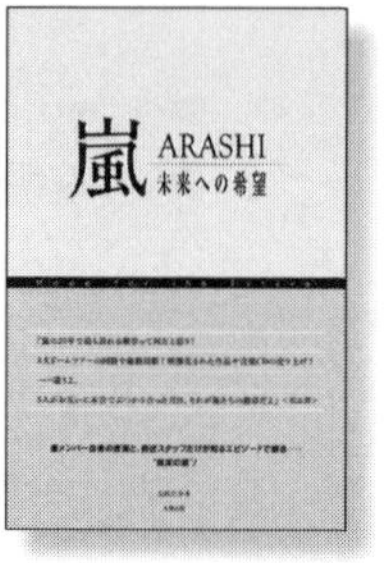

矢吹たかを［著］　¥1,400円+税

『嵐の20年で最も誇れる勲章って何だと思う？
5大ドームツアーの回数や総動員数？
映像化された作品や音楽 CD の売り上げ？
……違うよ。
5人がお互いに本音でぶつかり合った月日、
それが俺たちの勲章だよ』〈松本潤〉

嵐メンバー自身の言葉と、
側近スタッフだけが知るエピソードで綴る――“真実の嵐”！
テレビ等のメディアが伝えない“嵐の今、そして、これからの嵐”を独占公開 !!

【主な収録エピソード】

・嵐活動休止後に始まる大野智の“第二の人生”
・“ユーチューバー大野智”誕生の可能性
・櫻井翔“ナンバーワンキャスター”への道
・櫻井翔を取り巻く“恋愛事情”
・相葉雅紀の胸に染みる“志村けんさんからの教え”
・東京オリンピック延期で囁かれる“相葉雅紀単独ナビゲーター”
・貫き続ける“嵐の二宮和也”としてのスタンス
・二宮和也が抱える“2つの爆弾”
・松本潤が悩める平野紫耀にかけた言葉
・松本潤が切り開く“アイドル”を超えた新たな道

嵐ノコトバ
―ARASHI名言集―

スタッフ嵐［編］　¥1,400円+税

『何でもいいから自分に言い聞かせる、
一歩前に進める言葉を持とうよ。
“座右の銘”とか、大袈裟に考えなくていいから。
ちょっとした勇気をくれる言葉をさ』〈松本潤〉

嵐5人の想いが溢れるコトバとその想いを集約！
嵐20年分の想いが詰まった“選りすぐりのフレーズ”を収録 !!

◆ 既刊紹介 ◆

NEXTブレイク前夜！
Snow Man × SixTONES × なにわ男子

あぶみ瞬［著］ ¥1,300円+税

『これまでに何度も、
“デビュー出来るかもしれない” って夢を見て、
そのたびに挫けてやり直すの繰り返しだったけど、
でも仲間や先輩たち、時には後輩にも支えられて、
「今の Snow Man、今の岩本照が“史上最も充実している”」
──と自信を持って言えるのは、
それだけの時間と経験が俺たちには必要だった証拠だと思うんです』〈岩本照〉

次世代を担う超人気ユニット──
滝沢秀明プロデューサー率いる3組の知られざる素顔が満載！
超人気グループの情報解禁!!
初公開★エピソード満載!!

King & Prince
すっぴん★キンプリ

谷川勇樹［著］ ¥1,300円+税

メンバーに超密着！
メンバー自身の言葉と側近スタッフが語る
“素顔のキンプリ”超満載 !!

【主な収録エピソード】

- ・紫耀が流した “悔し涙”
- ・廉と紫耀が “最低でも叶えたい夢”
- ・廉の心を動かした “村上信五の言葉”
- ・海人がジャニーさんに叱りつけられた日
- ・優太が持っている “リーダーとしての最高の資質”
- ・勇太が感じている “デビューしてからの責任”
- ・勇太から玄樹への “心からのエール”

◆既刊紹介◆

SixTONES × Snow Man
—go for the TOP!—

あぶみ瞬［著］ ¥1,400円+税

『“6つの個性がぶつかり合って1つの大きな力が生まれる”
——そんなグループになりたい』〈ジェシー〉

×

『Snow Man は一つの船で、その船に数え切れないほど
たくさんの夢や希望を乗せ、大海に船出する。
俺たちがどこに向かうかによって、
たくさんの夢や希望の“未来”も決まる』〈岩本照〉

今、“頂点”目指して駆け上る、SixTONES × SnowMan
彼ら自身が語った言葉と側近スタッフが明かすエピソードで綴る
SixTONES × Snow Man の“知られざる素顔”!!

Snow Man vs SixTONES
—俺たちの未来へ—

あぶみ瞬［著］ ¥1,400円+税

『何があっても俺がSnow Man を引っ張る。
それを改めて8人が認めてくれるような、
そんな男にならなければいけない』〈岩本照〉

vs

『メンバー6人で、誰も見たことがない景色を見てみたい。
SixTONES をそこまで高めるのが俺の役割』〈ジェシー〉

ユニット結成からデビューに至るまでの葛藤
デビューまでの舞台裏と今後の戦略、
メンバー間の結束と絆——
彼らの知られざる素顔が満載！
側近スタッフしか知らないエピソード解禁!!

◆既刊紹介◆

Snow Man
—俺たちの歩むべき道—

あぶみ瞬［著］ ¥1,400円+税

メンバー自身が語る想い、
それぞれの言葉に込めたメッセージ——

『この９人から誰一人欠けることなく前に進みたい！
俺たちは“9人で Snow Man”だから——』

彼ら自身が語った言葉と
側近スタッフが明かすエピソードで綴る！
Snow Man の今、そして未来——

【主な収録エピソード】

・深澤辰哉と岩本照——２人の間に育まれた“深い絆”
・相葉雅紀から深澤辰哉に贈られた言葉
・ラウールを“プロフェッショナル”に変えた岩本照の言葉
・滝沢プロデューサー流“ラウール育成法”
・メンバーしか知らない“リーダー岩本照の素顔”
・渡辺翔太が心待ちにする“後輩ライバル”
・向井康二が上京を決意した“岩本照の笑顔”
・向井康二が平野紫耀から受けた助言
・目黒蓮が岩本照に明かした“引き際宣言”
・二宮和也との共演で芽生えた目黒蓮の夢
・“勉強キャラ”阿部亮平を後押しした岩本照のひと言
・櫻井翔が注目する阿部亮平の才能
・宮舘涼太が抱えていた“笑顔”の悩み
・佐久間大介にとっての“人生の師匠”
・彼らが見つめるSnow Manの“未来”

太陽出版
〒113-0033
東京都文京区本郷 4-1-14
TEL 03-3814-0471
FAX 03-3814-2366
http://www.taiyoshuppan.net/

◎お申し込みは……
お近くの書店にお申し込み下さい。
直送をご希望の場合は、直接小社宛にお申し込み下さい。
ＦＡＸまたはホームページでもお受けします。